喜楽研の支援教育シリーズ

ゆっくり ていねいに 学びたい子のための

読解ワーク ぷらす 2年

企画・編著 ／ 原田 善造

本書の特色

同シリーズ、読解ワーク①・②の発刊以降に行われた教科書改訂にて、新たに採用された教材を主に掲載しています。
また、様々な文章の読解力をつけることができるように、弊社独自の文章も多数掲載しています。

ゆっくりていねいに、段階を追った学習ができます。

読み書きが苦手な子どもでも、ゆっくりていねいに段階を追って学習することができるよう、問題が作成されています。また、漢字が苦手な子どもでも学習意欲が減退しないように、問題文の全ての漢字にふりがなを記載しています。

どの子も理解できるよう、長文は短く切って掲載しています。

長い文章は読みとりやすいように、主に二つから四つに区切って、問題文と設問に、1、2…の番号をつけ、短い文章から読みとれるよう配慮しました。記述解答が必要な設問については、答えの一部をあらかじめ解答欄に記載しておきました。

豊かな内容が子どもたちの確かな学力づくりに役立ちます。

教科書の内容や構成を研究し、小学校の先生方や特別支援学級や支援教育担当の先生方のアドバイスをもとに問題を作成しています。

あたたかみのあるイラストで、楽しく学習できるよう工夫しています。

問題文に、わかりやすい説明イラストを掲載し、楽しく学習できるようにしました。また、文章理解の補助となるよう配慮しています。

ワークシートの説明・使い方

学習する児童の実態にあわせて、拡大してお使いください。

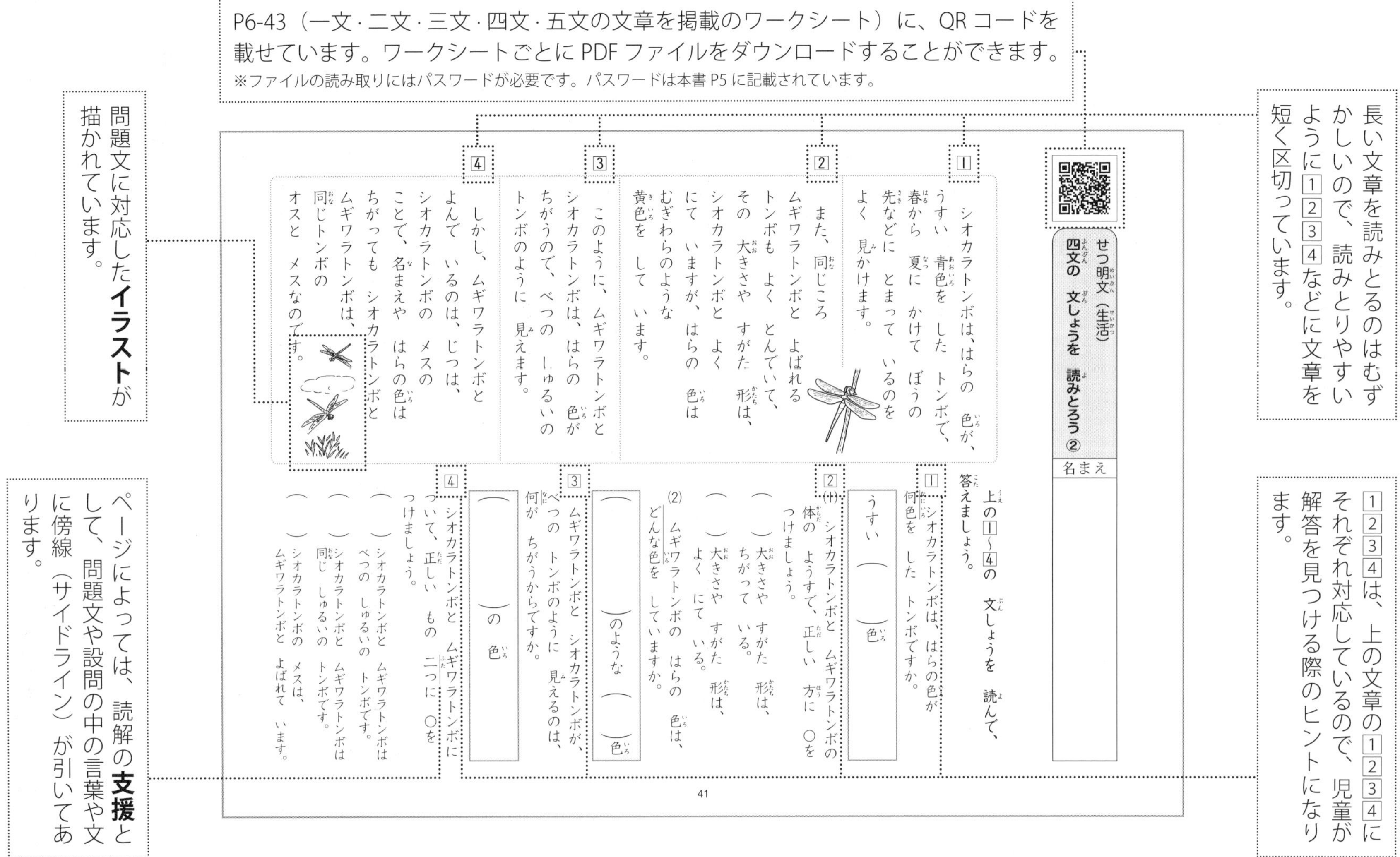

【指導にあたって】

- 上の文章の1を二回音読します。そのあと、下の1の設問に答えます。次に上の文章の2を２回音読します。そのあと、下の2の設問に答えます。345とある場合も同様に、それぞれ音読し、設問に答えます。設問を解き終えたら、最後にもう一度音読します。
- 詩の場合は、先に全体を二回音読します。次に1、2、…と分かれている場合は、それぞれに分けて音読し、設問に答えます。設問を解き終えたら、最後にもう一度音読します。

ゆっくり ていねいに 学びたい子のための **読解ワーク ぷらす** 2年

もくじ

【詩・歌 他】教科書教材 他

ことば

QR コンテンツについて

P6-P43（一文・二文・三文・四文・五文の文章）のワークシートの PDF ファイルをダウンロードしてご利用いただけます。

右の QR コードを読み取るか、下記の URL よりご利用ください。

URL：
https://d-kiraku.com/4224/4224index.html
ユーザー名： dokkai-pu2
パスワード： euL5s2

※各ページのQRコードからも、それぞれのPDFファイルを読み取ることができます。
※このユーザー名およびパスワードは、本書をご購入いただいた方に限りご利用いただけます。第三者への共有や転送は固くお断りいたします。また、教育目的で児童・生徒に共有される際は、授業を実施される先生・指導者がコンテンツをダウンロードし、ご利用くださいますようお願いいたします。
※上記 URL は、本書籍の販売終了時まで有効です。

お話 一文の 文を 読みとろう ①

名まえ

1

学校の
もんを 出て
右へ いくと
こうえんが
あります。

1の 文を 読んで、答えましょう。

(1) どこの もんを 出ましたか。

(2) もんを 出て どちらへ いくと、何が ありますか。

（　　）へ いくと

（　　）が あります。

2

なの花ばたけで
あたらしい めを
つんで いる 人を
見つけました。

2の 文を 読んで、答えましょう。

(1) 何の はたけですか。一つに ○を つけましょう。

（　）むぎばたけ

（　）なの花ばたけ

（　）チューリップばたけ

(2) どんな めを つんで いる 人を 見つけましたか。

（　　）め

お話 一文の 文を 読みとろう ②

名まえ

1

子ねこの タマが
ボールに じゃれて
あそんで います。

2

おじいさんが、
「よっこらしょ。」と
いいながらすわって、
しんぶんをよみました。

1の 文を 読んで、答えましょう。

(1) 子ねこの 名前を かきましょう。

(2) 子ねこは、何に じゃれて いますか。

2の 文を 読んで、答えましょう。

(1) おじいさんは、何と いいましたか。

(2) おじいさんは、何を 読みましたか。

お話

一文の　文を　読みとろう ③

名まえ

1

ぼくは、かぞくと
海の　おまつりに
いって
すいかわりを
しました。

2

十月の　はじめごろに、
しんせきの　家で
犬の　赤ちゃんが
生まれました。

1の　文を　読んで、答えましょう。

(1) ぼくは、だれと　海の　おまつりに　いきましたか。

(2) 海の　おまつりで　何を　しましたか。

2の　文を　読んで、答えましょう。

(1) 犬の　赤ちゃんが　生まれたのは　いつごろですか。

(2) 犬の　赤ちゃんは、どこで　生まれましたか。
(ならって　いない　かん字は、ひらがなで　書きましょう。)

お話 一文の 文を 読みとろう④

名まえ

1

この まえの 土よう日に、たろうくんは、公園の 草むらで、トノサマバッタを、見つけました。

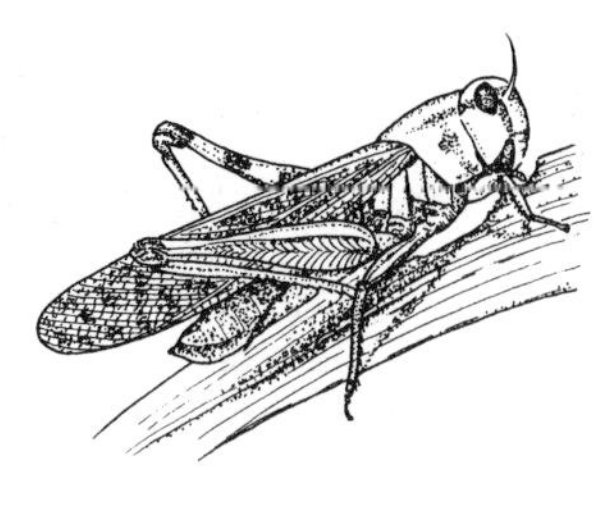

2

五月の はじめに、カマキリの たまごから、たくさんの カマキリの 子どもが、生まれました。

1の 文を 読んで、答えましょう。
（ならって いない かん字は、ひらがなで 書きましょう。）

(1) ①いつ・②だれが・③どこで・④何を 見つけましたか。

① いつ 見つけましたか。

この まえの（　　　）

② だれが 見つけましたか。

③ どこで 見つけましたか。

④ 何を 見つけましたか。

2の 文を 読んで、答えましょう。

(1) いつの ことですか。

（　　　）の はじめ

(2) どこから 生まれましたか。

カマキリの（　　　）から

(3) 何が 生まれましたか。

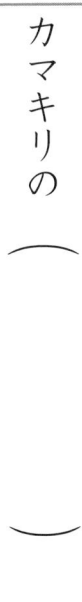

カマキリの（　　　）

お話 一文の 文を 読みとろう ⑤

名まえ

1

五月から
そだてて きた
ミニトマトに、
きのう、黄色い
小さな 花が、
さきました。

2

七月に なると、
ミニトマトの
赤い みが、
たくさん
できました。

1の 文を 読んで、答えましょう。
（ならって いない かん字は、ひらがなで 書きましょう。）

(1) 何の 花ですか。

(2) 何色の 花ですか。

（　　　）花

(3) どんな 大きさの 花ですか。

（　　　）花

(4) 花が さいたのは いつですか

2の 文を 読んで、答えましょう。

(1) 何の みが できましたか。

(2) みは 何色でしたか。

（　　　）色

(3) みは、いつ できましたか。

お話 一文の 文を 読みとろう ⑥

名まえ

1

きょう
ミニトマトの　みが
とれたので、
食べてみると
どれも　あまくて
おいしかったです。

2

えいとさんは、
公園の　大きな
クヌギの　木の　下で、
丸い　どんぐりを、
三十三こ
ひろいました。

1の　文を　読んで、答えましょう。

(1) きょう　何が　とれましたか。

（　　　　）の（　　　　）

(2) ミニトマトの　みは　どんな　あじでしたか。一つに　○を　つけましょう。

（　）にがい　あじ
（　）あまい　あじ
（　）からい　あじ

2の　文を　読んで、答えましょう。

(1) だれが　どんぐりを　ひろいましたか。

(2) 何の　木の　下で　ひろいましたか。

（　　　　）の　木の　下

(3) 何こ　ひろいましたか。

（　　　　）こ

お話 二文の 文しょうを 読みとろう ①

名まえ

1

けさ、あさがおの
花が 三つ さいて
いました。
きれいな
青い いろの
大きな 花です。

2

ぼくは、
おにいちゃんと 二人で
虫とりに いきました。
おにいちゃんは
五ひき、
ぼくは 四ひき
とりました。

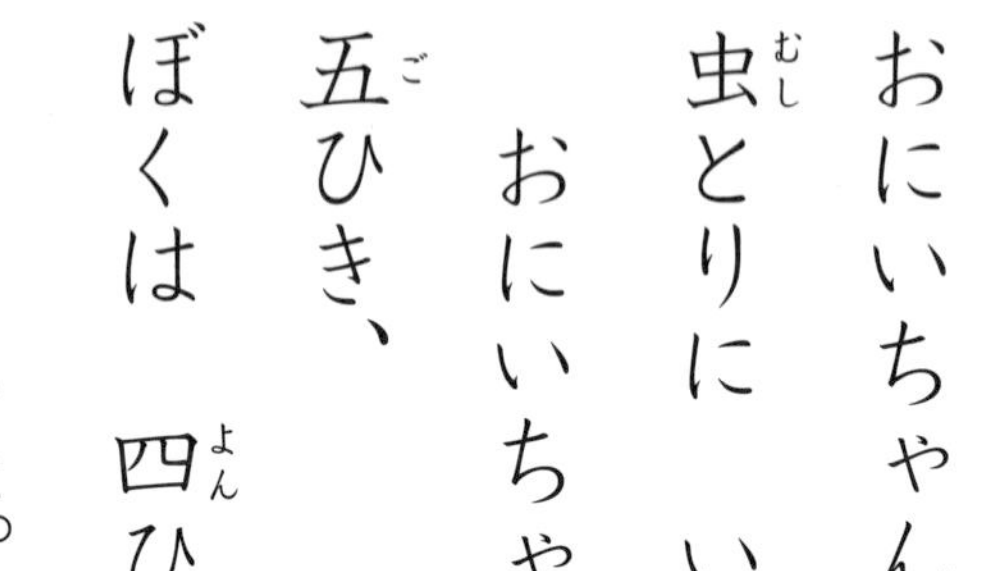

1の 文しょうを 読んで、答えましょう。

(1) 何の 花が さいて いましたか。

(2) どんな 花ですか。一つに ○を つけましょう。

（　）赤い 大きな 花
（　）青い 大きな 花
（　）白い 小さな 花

2の 文しょうを 読んで、答えましょう。

(1) ぼくと、おにいちゃんは、何を しに いきましたか。

(2) だれが 何びき 虫を とりましたか。――線で むすびましょう。

ぼく ・　　・ 五ひき
おにいちゃん ・　　・ 四ひき

お話　二文の　文しょうを　読みとろう②

名まえ

1

町たんけんに　いきたい
ばしょを　出しあいました。
しらない　ところや
すきな　ところも
あるので
たのしみです。

2

町たんけんでは、
おもい　ものを
はいたつして　くれる
くだものやさんや、
あさ　はやくに
かいてんする
パンやさんを
見つけました。
どちらも　みんなの
やくに　立つ
おみせだと
おもいました。

1の　文しょうを　読んで、答えましょう。

(1) 何に　いきますか。

(2) どんな　ところが　あるのですか。二つに　○を　つけましょう。

（　）こわい　ところ
（　）しらない　ところ
（　）きけんな　ところ
（　）すきな　ところ

2の　文しょうを　読んで、答えましょう。

(1) 町たんけんで、何やさんを　見つけましたか。

(2) 見つけた　おみせは、どんな　おみせだと　おもいましたか。

みんなの（　　　）おみせ。

お話 二文の 文しょうを 読みとろう ③

名まえ

1

しゅんは トイレに
行きたくなって、
よなかに 目を
さましました。
まわりが
まっくらだったので、
家じゅうの
でんきを つけて
トイレに いきました。

2

ふみの 家の となりの
家には 一さいの
たっくんと いう 男の子が
すんで います。
たっくんの
にこにこの
えがおを 見ると
ふみは うれしくて
たまらなくなります。

1の 文しょうを 読んで、答えましょう。

(1) しゅんは、いつ 目を さましましたか。

(2) しゅんが、家じゅうの でんきを つけたのは、なぜですか。

まわりが （　　　　）ので

2の 文しょうを 読んで、答えましょう。
（ならって いない かん字は、ひらがなで 書きましょう。）

(1) たっくんは、どこに すんで いますか。

ふみの 家の （　　　　）

(2) 何を 見ると ふみは うれしくて たまらなくなるのですか。

たっくんの （　　　　）

お話 二文の 文しょうを 読みとろう ④

名まえ

1

「きょうは、みんなが よく がんばって べんきょうしたので しゅくだいは ありません。」

と、先生が いいました。

みんなは
「やったあ。」

と、いって とても よろこびました。

2

かいは そうじの 中でも ぞうきんがけが いちばん すきです。
ゆかを ふいた あとに、ぞうきんを あらった ときの、バケツの 水の よごれを 見ると、ゆかが きれいに なった ことが よく わかるからです。

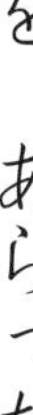

1の 文しょうを 読んで、答えましょう。

(1) きょうは、どうして しゅくだいが ないことに なったのですか。

みんなが （　　　　）ので

(2) みんなは、何と いって よろこびましたか。

2の 文しょうを 読んで、答えましょう。

(1) かいが そうじの 中でも いちばん すきなのは、何ですか。

(2) 何を 見ると ゆかが きれいに なった ことが よく わかるのですか。

ぞうきんを あらった ときの、（　　　　）

お話(はなし)
三文(さんぶん)の 文(ぶん)しょうを 読(よ)みとろう ①

名まえ

1

じんじゃで
夏(なつ)まつりが ありました。

2

おみせが 道(みち)ばたに
ずらっと たくさん
ならんでいました。

3

わたしは、
金魚(きんぎょ)すくいを して、
赤(あか)くて 大(おお)きな
金魚(きんぎょ)を
二(に)ひき
つかまえて
もって 帰(かえ)りました。

上(うえ)の1～3の 文(ぶん)しょうを 読(よ)んで、答(こた)えましょう。（ならって いない かん字(じ)は、ひらがなで 書(か)きましょう。）

1 どこで、夏(なつ)まつりが ありましたか。

2 何(なに)が たくさん ならんで いましたか。

3 (1) わたしは、何(なに)を しましたか。

(2) わたしは、どんな 金魚(きんぎょ)を 何(なん)びき つかまえて もって 帰(かえ)りましたか。

（　　　　）金魚(きんぎょ)を（　　）ひき つかまえて もって 帰(かえ)りました。

お話 三文の 文しょうを 読みとろう ②

名まえ

1

きのうの よる、
わたしは
いえの にわで
花火を しました。

2

わたしは、
せんこう花火が
いちばん
すきでした。

3

せんこう花火は、
まるで
小さな 星が
とんで いるみたいに
キラキラと
きれいだったからです。

上の1～3の 文しょうを 読んで、答えましょう。（ならって いない かん字は、ひらがなで 書きましょう。）

1
(1) わたしは、いつ 花火を しましたか。

(2) わたしは、どこで 花火を しましたか。

2
わたしは、どの花火が いちばん すきでしたか。

3
(1) せんこう花火は、まるで 何が とんで いる みたいでしたか。

(2) なぜ せんこう花火が すきだったのですか。○を つけましょう。

（　）星まで とんで いったから。

（　）キラキラと きれいだったから。

お話(はなし)
三文(さんぶん)の　文(ぶん)しょうを　読(よ)みとろう　③

名まえ

1

いえの　近(ちか)くに
かい店(てん)した
パンやさんへ
ぼくは、おとうとと
いっしょに　いきました。

2

ぼくたちは、
あんパンを　二(に)こと
クリームパンを　三(さん)こ
かいました。

3

パンは、どれも
やきたてで
ほかほか　あたたかくて、
とても
おいしそうでした

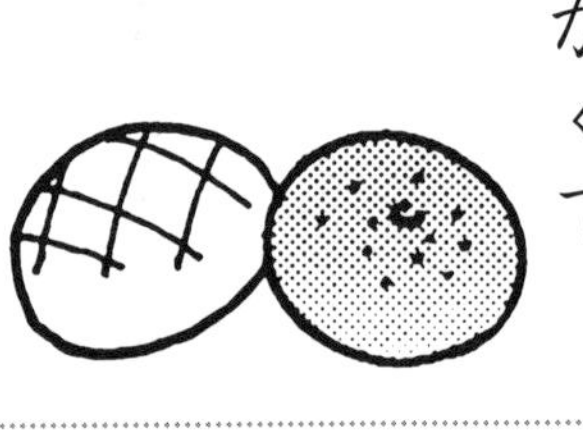

上(うえ)の1～3の　文(ぶん)しょうを　読(よ)んで、答(こた)えましょう。

1

(1) いえの　近(ちか)くに　かい店(てん)したのは、何(なに)やさんですか。

(2) ぼくは、だれと　いっしょにいきましたか。

2

(1) ぼくたちは、あんパンを　何(なん)こかいましたか。

(2) 三(さん)こ　かったのは、何(なに)パンですか。

3

パンは、どれも　ほかほかあたたかくて、おいしそうだったのは、なぜですか。一(ひと)つに　○をつけましょう。

（　）いそいで　かえったから。
（　）やきたてだったから。
（　）いえの　近くだったから。

お話
三文の 文しょうを 読みとろう ④

名まえ

1

花だんの 石を
もち上げてみたら
その 下には、
だんごむしが
まるまって
いました。

2

公園の 草むらで
バッタが
はねて
いました。

3

ぼくは、虫を
見つける ことが
とくいです。

上の 1～3の 文しょうを 読んで、答えましょう。

1 (1) だんごむしは、どこに いましたか。○を つけましょう。

（　　）花だんの 石の 上。

（　　）花だんの 石の 下。

(2) だんごむしは、どうして いましたか。

（　　　　　　）いました。

2 公園の 草むらで、何が はねて いましたか。

（　　　　　　）

3 ぼくが、とくいな ことは、何ですか。

（　　　　　　）こと

お話

三文の 文しょうを 読みとろう ⑤

名まえ

1

とおい 町に すむ
おばあちゃんが
きのう
わたしの いえに
あそびに きました。

2

わたしの すきな
りんごを いっぱい
もってきて
くれました。

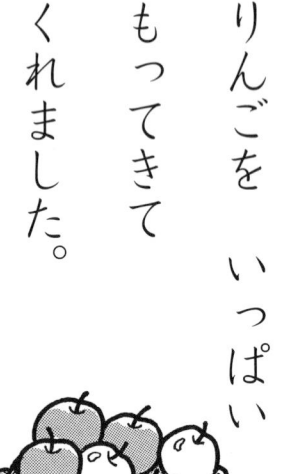

3

わたしと いもうとは、
おかあさんが
むいてくれた りんごを
むちゅうに なって
食べました。

上の1～3の 文しょうを 読んで、答えましょう。

1
(1) おばあちゃんは どこに すんで いますか。

(2) おばあちゃんは いつ きましたか。

2
(1) 何を もって きて くれましたか。

(2) どれくらい もって きて くれたのですか。

3
(1) だれが りんごを むいて くれましたか。

(2) だれが りんごを 食べましたか。二人 書きましょう。

お話　三文の　文しょうを　読みとろう⑥

名まえ

1
生活科の　学しゅうで
町の　図書かんを
グループの　みんなで
しらべに
行きました。

2
図書かんは
学校の　図書室より
大きくて、おいて　ある
本の　数も　しゅるいも
とても　多かったです。

3
図書かんでは、
「図書かんししょ」という
人が　はたらいて　いて、
本を　せいり　したり
みんなの　しつもんに
答えたりしてくれます。

上の1～3の　文しょうを　読んで、答えましょう。

1　何を　しらべに　行きましたか。
○を　つけましょう。

（　）こうみんかん
（　）図書かん

2　図書かんは、学校の　図書室と
どんなところが　ちがって
いましたか。
二つに　○を　つけましょう。

（　）図書室より　大きい。
（　）図書室より　小さい。
（　）本の　数が　少ない。
（　）本の　しゅるいが　多い。

3
(1)　図書かんでは、何と　いう
人が　はたらいて　いますか。

図書かん（　　　　）

(2)　どんな　しごとを　して
いますか。二つ　書きましょう。

①　本を（　　　　）する。

②（　　　　）に　答える。

お話
三文の　文しょうを　読みとろう⑦

名まえ

1
学校の　かえり道に、るいは、いい　においに　気が　ついて、立ちどまりました。

2
ラーメンやの　方から　して　きた　においは、めんを　ゆがく　においと　ぎょうざを　やく　においでした。

3
るいは、おなかが　きゅうに　すいて　きて　きょうの　夕ごはんは　なんだろうと　思いました。

※ゆがく…あくをとるために、ねっとうに、さっと通すこと。

上の1～3の　文しょうを　読んで、答えましょう。

1　るいは、何に　気が　ついて、立ちどまりましたか。

（　　　　　　）

2
(1)　においは、どこから　して　きましたか。

（　　　　）の　方から

(2)　何の　においでしたか。二つ　書きましょう。

（　　　　）におい

におい（　　　　）

3
(1)　るいは、おなかが　どう　なりましたか。

きゅうに（　　　　）きた

(2)　るいは、どんな　ことを　思いましたか。

きょうの（　　　　）と　いう　こと。

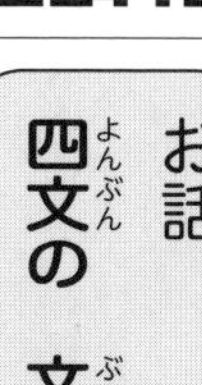

お話　四文の　文しょうを　読みとろう　①

名まえ

1 日よう日は、町の クリーンさくせんの 日でした。

2 はるとくんは、おとうさんと いっしょに さんかしました。

3 かかりの 人から、大きな ごみぶくろと ぐん手を もらいました。

4 はるとくんと、おとうさんは、五本の あきかんと 三本の ペットボトルの ごみを ひろいました。

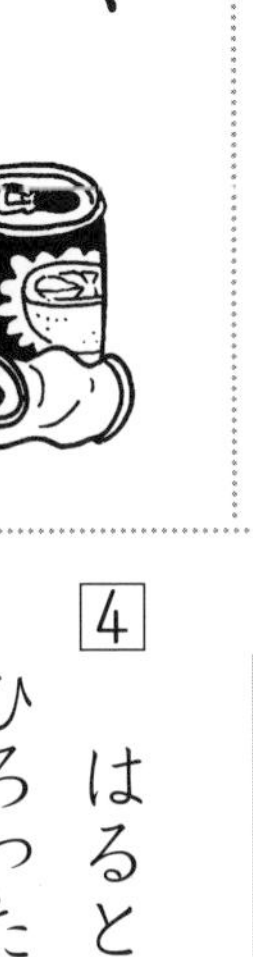

上の1～4の 文しょうを 読んで、答えましょう。

1 町の クリーンさくせんは、いつ ありましたか。

2 はるとくんは、だれと いっしょに さんかしましたか。

3 かかりの 人から、もらった ものを 二つ 書きましょう。

4 はるとくんと、おとうさんが ひろった ごみ、二つに ○を つけましょう

（　）あきかん

（　）おかしの ふくろ

（　）ペットボトル

（　）木の えだ

お話
四文の 文しょうを 読みとろう②

名まえ

1
二学きの おわりに
おたのしみ会が
ありました。

2
あみさんの はんの
出しものは リボンを
つかった
手じなでした。

3
わたしの はんは
「スイミー」の 紙人形の
げきを しました。

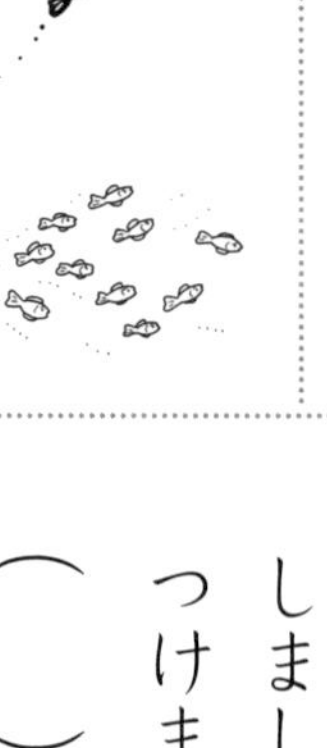

4
わたしは、
赤い 魚たちを
のみこむ
まぐろの
やくを しました。

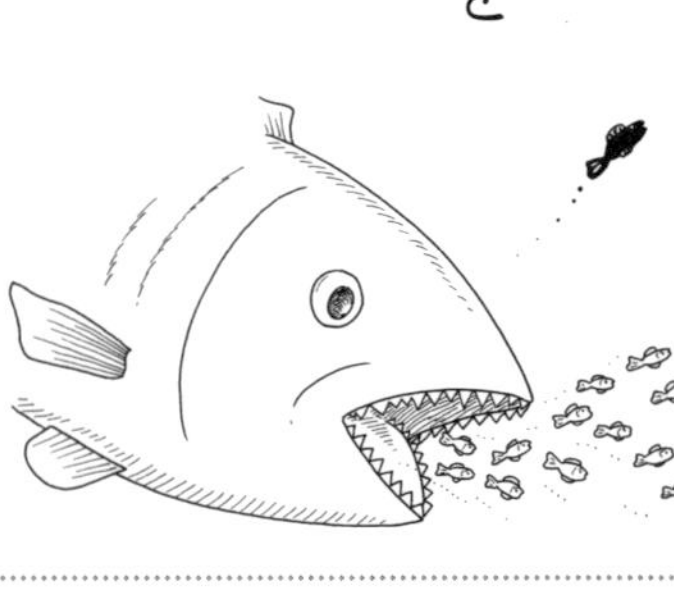

上の1〜4の 文しょうを 読んで、答えましょう。（ならって いない かん字は、ひらがなで 書きましょう。）

1 二学きの おわりに 何が ありましたか。

2 あみさんの はんは、何を つかって 手じなを しましたか。

3 わたしの はんは、何の 紙人形の げきを しましたか。

4 わたしは、何の やくを しましたか。一つに ○を つけましょう。

（　）赤い 魚たち
（　）スイミー
（　）まぐろ

お話　四文の　文しょうを　読みとろう　③

名まえ

1 きのう　おばあちゃんが　おくって　くれた　りんごが　家に　とどきました。

2 さっそく、夕食の　あとに　食べました。

3 あまくて、ちょっと　すっぱい　あじでした。

4 りんごと　いっしょに　「あそびに　おいで」と　書いた、おばあちゃんからの　手がみが　はいって　いました。

上の1～4の　文しょうを　読んで、答えましょう。（ならって　いない　かん字は、ひらがなで　書きましょう。）

1 おばあちゃんは、何を　おくって　くれましたか。

2 いつ、食べましたか。

3 どんな　あじでしたか。

（　　　　）て、ちょっと（　　　　）あじ

4 おばあちゃんからの　手がみには、何と　書いて　ありましたか。

お話 四文の 文しょうを 読みとろう ④

名まえ

1

学校で じしんの ひなんくんれんが ありました。

2

校ないほうそうを 聞いて、 まず つくえの 下に もぐりました。

3

二かい目の ほうそうを 聞いて、 ぼくは、 先生や みんなと 校ていに 出ました。

4

校長先生が 「みんな、 しゃべらないで くんれんが できたね。」 と いって ほめて くれました。

上の1～4の 文しょうを 読んで、 答えましょう。

1 学校で、 何の ひなんくんれんが ありましたか。

（　　　　　　）

2 校ないほうそうを 聞いて、 まず どう しましたか。 ○を つけましょう。

（　）つくえの 下に もぐった。

（　）校ていに 出た。

3 二かい目の ほうそうを 聞いて、 ぼくは、 だれと 校ていに 出ましたか。

（　　　　）や（　　　　）

4 校長先生は、 何と いって ほめて くれましたか。

みんな、（　　　　　　）で くんれんが できたね。

お話

四文の 文しょうを 読みとろう ⑤

名まえ

1

山おくの 森の 中に 小さな みずうみが ありました。

2

みずうみには、森に すむ 生きものたちが たくさん あつまって きます。

3

きょうは、しかの 親子が やって きて、みずうみの まわりに ある 草や 木の はを 食べて います。

4

木の 上では、りすが むちゅうで 木のみを 食べ、小鳥が さえずって います。

上の 1〜4 の 文しょうを 読んで、答えましょう。

1 山おくの 森の 中に 何が ありましたか。

小さな （　　　　）

2 みずうみには、何が あつまって きますか。

森に すむ （　　　　）たち

3 しかの 親子は 何を 食べて いますか。

（　　　　）や、（　　　　）

4 つぎの 生きものは、何を して いますか。下から えらんで ――線で むすびましょう。

りす ・　　　・さえずって いる

小鳥 ・　　　・木のみを 食べる

お話(はなし)

四文(よんぶん)の 文(ぶん)しょうを 読(よ)みとろう ⑥

名まえ

1
町(まち)たんけんで 学校(がっこう)の ちかくに やおやさんを 見(み)つけました。

2
やおやさんなのに おみせでは、つけものや おかし、日(にち)ようひんなども うって います。

3
みせの 人(ひと)に きくと やさいだけでは もうからないので ほかの しなものも うって いる そうです。

4
お店(みせ)の人(ひと)も いろいろ あくふうして いるのだなと おもいました。

上(うえ)の1〜4の 文(ぶん)しょうを 読(よ)んで、答(こた)えましょう。

1 どんな おみせを 見(み)つけましたか。

（　　　）

2 やさいの ほかに どんな ものを うって いますか。三(みっ)つ 書(か)きましょう。

（　　　）（　　　）（　　　）

3 なぜ ほかの しなものも うって いるのですか。○を つけましょう。

（　）ほかの しなものも うるように きめられて いるから。

（　）やさいだけでは もうからないから。

4 あくふうとは、どんな ことですか。（3の 文(ぶん)しょうの ことばを つかって 書(か)きましょう。）

（　　　）だけでなく、ほかの（　　　）も うること。

名まえ

1
ある 寒い日の朝、まりなは 目を さまして まどの 外を 見ると 雪が うっすらと つもって いました。

2
まりなの すむ 町は、ふだんは ほとんど 雪が ふらない ところです。

3
雪で まっ白に なった にわを 見て、まりなは 目を かがやかせました。

4
にわに つもった 雪を 少し 口の 中に 入れてみて、まりなは、これが ぜんぶ わたあめだったら いいのにと 思いました。

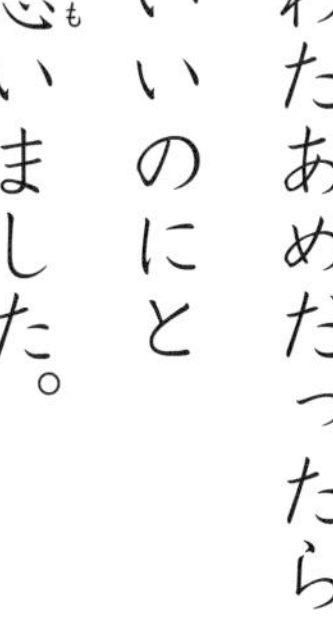

上の 1～4の 文しょうを 読んで、答えましょう。（ならって いない かん字は、ひらがなで 書きましょう。）

1 (1) まりなは、目を さまして、どこを 見ましたか。

(2) 何が つもって いましたか。

2 まりなの すむ 町は、どんな ところですか。

ほとんど 雪が （　　　） ところ。

3 目を かがやかせた まりなの 気もちに ○を つけましょう。

（　）うれしくて よろこんで いる。

（　）ざんねんで がっかりして いる。

4 にわに つもった 雪を 少し 口の 中に 入れてみて、まりなは、どんな ことを 思いましたか。文中の ことばで 書きましょう。

お話
四文の 文しょうを 読みとろう ⑧

名まえ

[1]
ぼくたちが けんごさんに はじめて 会ったのは、みどり公園だった。

[2]
八十さいの けんごさんは、ぼくたちに 竹とんぼを 高く とばして 見せてくれた。

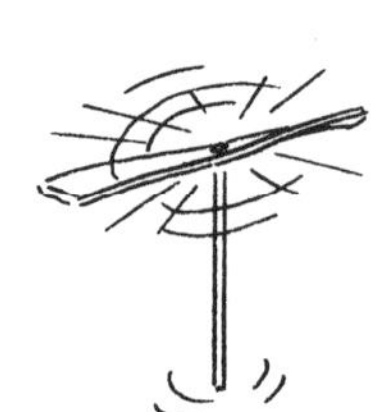

[3]
けんごさんは、竹とんぼの とばし方を 教えてくれて ぼくたちに 一つずつ 手作りの 竹とんぼを プレゼントしてくれた。

[4]
それから、ぼくたちは むちゅうで 竹とんぼを とばして、高く とばせるように なったのを けんごさんに 見てもらった。

上の[1]～[4]の 文しょうを 読んで、答えましょう。（ならって いない かん字は、ひらがなで 書きましょう。）

[1] ぼくたちが けんごさんに はじめて 会ったのは、どこですか。

[2] けんごさんは ぼくたちに 何を とばして 見せてくれましたか。

[3]
(1) けんごさんは、何を 教えて くれましたか。

(2) けんごさんは ぼくたちに 何を プレゼントして くれましたか。

手作りの（　　　）

[4] ぼくたちは、けんごさんに どんな ことを 見てもらいましたか。

竹とんぼを（　　　）なったこと。

お話　五文の　文しょうを　読みとろう　①

名まえ

1 水よう日に、グループで 町たんけんに 出かけました。

2 学校の よこの あじさいの 花だんに 花が さいて いるのを 見つけました。

3 公園に 新しい ベンチが あって 赤ちゃんを つれた お母さんが すわって いました。

4 にくやさんで コロッケを かうために おきゃくさんが ならんで いました。

5 たんけんカードに メモを して 帰りました。

上の1～5の 文しょうを 読んで、答えましょう。（ならって いない かん字は、ひらがなで 書きましょう。）

1 グループで 何に 出かけましたか。

2 花だんに 何の 花が さいて いましたか。

3 公園の 新しい ベンチには だれが すわって いましたか。

（　　　）を つれた（　　　）

4 おきゃくさんが ならんで いたのは、何やさんでしたか。

5 何に メモを しましたか。

お話 五文の 文しょうを 読みとろう ②

名まえ

1
生かつかの じかんに きゅうこんを うえました。

2
チューリップの きゅうこんを 一人 三こずつ うえます。

3
まず、うえ木ばちに 土を 入れました。

4
それから、うえ木ばちの 土に きゅうこんが すっぽり 入る くらいの 大きさの あなを あけて、きゅうこんを うえました。

5
きゅうこんに 土をかけて、さいごに たっぷり 水を やりました。

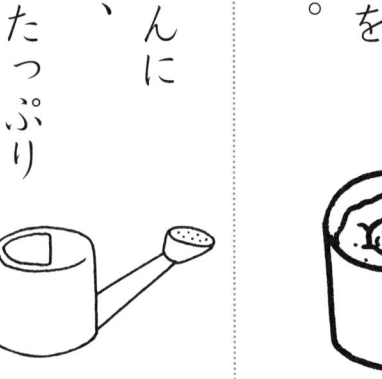

上の1～5の 文しょうを 読んで、答えましょう。

1 何の じかんに きゅうこんを うえましたか。

2 何の きゅうこんを うえますか。

3 まず、どこに 土を 入れましたか。

4 どれぐらいの 大きさの あなを あけましたか。

きゅうこんが（　　　　）くらいの 大きさ

5 さいごに 何を たっぷり やりましたか。

1～5の 文しょうを ぜんぶ 読んで、答えましょう。

つぎの 文が じゅんばんに なるように、（　）に 1～3の すう字を 書きましょう。

（　）たっぷり 水を やる。

（1）うえ木ばちに 土を 入れる。

（　）きゅうこんを うえる。

お話 五文の 文しょうを 読みとろう ③

名まえ

1 おねえさんと サンドイッチを つくりました。

2 はじめに パンに バターを ぬりました。

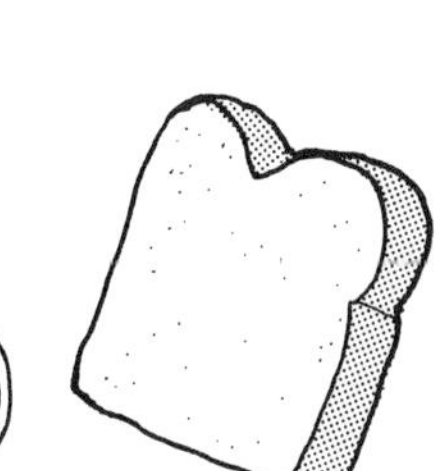

3 つぎに、ちぎった レタスと ハムを パンに のせました。

4 おねえさんが、大すきな スライスチーズも のせました。

5 さいごに パンを もう一まい 上に のせて、ナイフで きったら、できあがりです。

上の1～5の 文しょうを 読んで、答えましょう。

1 おねえさんと 何を つくりましたか。

2 はじめに パンに 何を ぬりましたか。

3 つぎに、パンに のせた ものを 二つ 書きましょう。

4 おねえさんが 大すきなものは 何ですか。

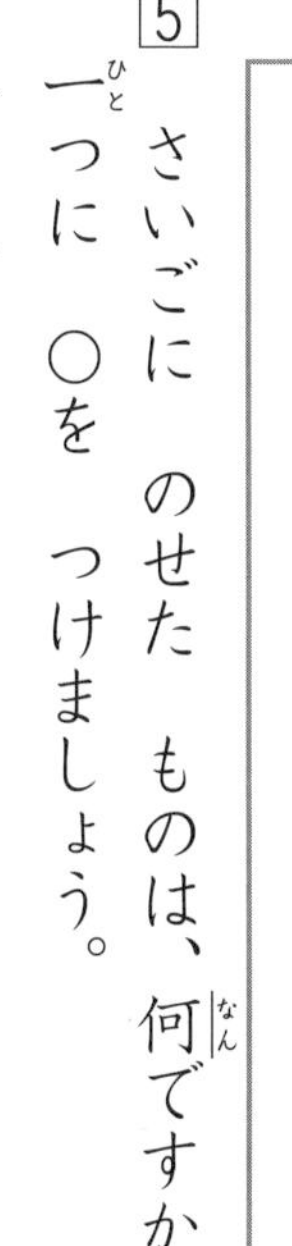

5 さいごに のせた ものは、何ですか。一つに ○を つけましょう。

( ) スライスチーズ
( ) ナイフ
( ) パン 一まい

1～5の 文しょうを ぜんぶ 読んで、答えましょう。

つぎの 文が じゅんばんに なるように、( )に 1～5の すう字を 書きましょう。

(1) パンに バターを ぬる。
( ) パンを もう一まい 上に のせる。
( ) ちぎった レタスと ハムを パンに のせる。
(3) スライスチーズを のせる。
( ) ナイフで きる

せつ明文（生活）二文の　文しょうを　読みとろう　①

名まえ

1

カラスは、ネズミなどの
小さな　どうぶつの　ほかに
虫、木の　みなど　なんでも
食べる　鳥です。
人間が　すてた　ごみの
中から　食べる　ことが
できる　ものを
見つけるのも
とくいです。

2

山の　木が　はを
のばし　はじめるころ、
その　みどりの　中に
うすい　ピンクいろの
花を　さかせるのが
ヤマザクラです。
さいた　花は
一しゅうかんほどの
みじかい　あいだに
ちってしまいます。

1の　文しょうを　読んで、答えましょう。

(1) カラスは、ネズミなどの
小さな　どうぶつの　ほかに
どんなものを　食べますか。

（　　　）、（　　　）など、
なんでも　食べる。

(2) カラスは　人間が　すてた
ごみの　中から、何を　見つける
のが　とくいですか。

2の　文しょうを　読んで、答えましょう。

(1) ヤマザクラは　いつごろ　花を
さかせますか。

山の木が（　　　）を
（　　　）ころ。

(2) 花は、どれくらいの　あいだ
さいて　いますか。○を
つけましょう。

（　）とても、ながい　あいだ。
（　）一しゅうかんほどの
みじかい　あいだ。

せつ明文（生活）
二文の 文しょうを 読みとろう②

名まえ

1

　サツマイモは、秋に 地めんの 中に できる イモですが、この イモは、サツマイモの みでは ありません。
　サツマイモの イモは、サツマイモの はっぱで 作られた えいよう分が、ねに はこばれて、その ねが 太く 大きく なったものです。

2

　カブトムシは、大きくて りっぱな つのを 持って います。
　けれども、この つのを 持って いるのは、オスだけで、メスは 持って いません。

1 の 文しょうを 読んで、答えましょう。
（ならって いない かん字は、ひらがなで 書きましょう。）

(1) サツマイモの イモは、いつ できますか。一つに ○を つけましょう。

（　）春　（　）夏　（　）秋　（　）冬

(2) サツマイモの イモは、どこに できますか。

(3) サツマイモの イモについて、正しいほうに ○を つけましょう。

（　）サツマイモの イモは、サツマイモの みが 大きく なった ものです。

（　）サツマイモの イモは、サツマイモの ねが 大きく なった ものです。

2 の 文しょうを 読んで、答えましょう。

(1) カブトムシは 何を 持って いますか。

(2) カブトムシの つのは、どんな つのですか。

（　　　　）つの

(3) 上の 文しょうと 合うもの 一つに ○を つけましょう。

（　）オスの カブトムシには、つのが ある。

（　）メスの カブトムシには、つの が ある。

（　）カブトムシは、オスにも メスにも つのが ある。

せつ明文（生活）
三文の 文しょうを 読みとろう ①

名まえ

1

春に なると、ツバメは、遠い 外国の 南の しまから 長い たびを して 日本に 帰って きます。

2

ふうふに なった ツバメは、雨で やわらかく なった 土や かれ草などを つかって すを つくります。

3

すの 中に、メスが 三こから 七この たまごを うみ、ふうふで きょうりょくして ひなを そだてます。

＊日本は、「にほん」とも読みます。

上の1〜3の 文しょうを 読んで、答えましょう。

1 春に なると、ツバメは、どこから 日本に 帰って きますか。

遠い（　　　）の
南の（　　　）

2 ふうふに なった ツバメは、何を つかって すを つくりますか。

雨で やわらかく なった
（　　　）や（　　　）など

3 (1) すの 中に、メスは、何こから 何この たまごを うみますか。

（　　　）こから（　　　）こ

(2) ツバメの ふうふは、どのようにして ひなを そだてますか。

ふうふで
（　　　）して
ひなを そだてます。

せつ明文（生活）

三文の　文しょうを　読みとろう②

名まえ

1
秋に　なると、あき地や
のはらで、
せいが　高く
黄色の　あわのような
花を　さかせて　いる
草を　よく　見かけます。

2
これは、
セイタカアワダチソウと　いう
キクの　なかまの　草花で、
もともと　日本には　なかった
草花です。

3
何十年も　前、
北アメリカから
入ってきて、
やがて　日本中に
ひろがった
しょくぶつです。

＊日本は、「にほん」とも読みます。

上の1～3の　文しょうを　読んで、答えましょう。

1　秋に　なると、あき地や　のはらで、どんな　草を　見かけますか。

せいが（　　　）
黄色の（　　　）のような
花を　さかせて　いる　草。

2　セイタカアワダチソウは、何の　なかまの　草花ですか。

3　セイタカアワダチソウについて、正しいほうに　○をつけましょう。

（　）北アメリカから　入って　きたしょくぶつ。

（　）ずっと　むかしから、日本に　あった　しょくぶつ。

せつ明文（生活）
三文の 文しょうを 読みとろう ③

名まえ

1

夏から 秋の はじめの 朝、道ばたや はたけの すみに、青い 小さな ㋐ツユクサの 花が さいて いるのを 見かけます。

2

ツユクサの 花びらを とって、水を 入れた コップの 中で もむと、水は きれいな 青色に なります。

3

この 青い 色水を つかって、紙や ハンカチを そめて あそぶ ことが できます。

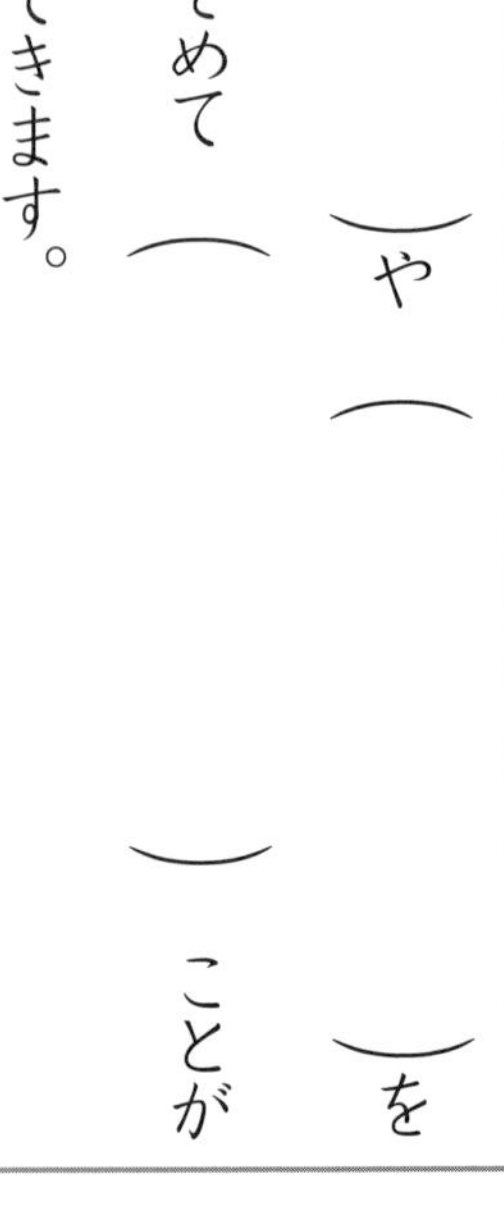

上の 1 ～ 3 の 文しょうを 読んで、答えましょう。（ならって いない かん字は、ひらがなで 書きましょう。）

1 (1) ㋐ツユクサの 花は、どこに さいて いますか。

（　　　　）や（　　　　）

(2) ㋐ツユクサの 花は、どんな 花ですか。

（　　　　）花

2 ツユクサの 花びらを 水を 入れた コップの 中で もむと、水は どう なりますか。

（　　　　）に なります。

3 ツユクサの 花びらで つくった 青い 色水を つかって、どんな ことが できますか。

（　　　　）や（　　　　）を そめて （　　　　）ことが できます。

せつ明文（生活）
三文の　文しょうを　読みとろう④

名まえ

1

秋に　なると、田んぼでは
いねの　みが
みのりますが、
この　いねの　みが、
みんなの　食べる
お米に　なります。

2

みのった　いねの　みは、
もみと　いい、からが
ついて　いるので、まず
そのからを　むいて　とり、
げん米と　いう　お米に
します。

3

この　げん米には、まだ、
うすい　かわなどが、
ついて　いるので、
それらを　きかいで
とった　ものが、
わたしたちが、
ふだん　食べて　いる
白米と　いう　お米です。

上の1〜3の　文しょうを　読んで、
答えましょう。（ならって　いない　かん字は、
ひらがなで　書きましょう。）

1 (1) 秋になると、どこで　いねの
みが　みのりますか。

(2) いねの「み」が、何に
なるのですか。

2 (1) みのった　いねの「み」は、
何と　いいますか。

(2) 「もみ」から「から」を　むいて
とった　ものを　何と　いいますか。

3 (1) 「げん米」から　うすい　かわ
などを　とった　ものを　何と
いいますか。

(2) わたしたちが、ふだん　食べて
いるのは、何という　お米ですか。
一つに　○を　つけましょう。

（　）もみ　（　）げん米　（　）白米

せつ明文（生活）
四文の　文しょうを　読みとろう　①

名まえ

1
クロヤマアリの　はたらきありたちは、地めんが　あたたかく　なると、すを　広く　ふかく　して　いきます。

2
えさを　とりに　出た　はたらきありは、自分より　ずっと　大きい　生きものでも　みんなで　かみつき　ばらばらに　して　すに　もちかえります。

3
すが　できあがり、女王ありが　たまごを　うみつづけるように　なると、はたらきありが　たまごと　ようちゅうの　せわも　します。

4
ありの　すの　中では、女王ありを　中心に　して、はたらきありたちが　たすけ合い、きまりを　まもりながら　生活して　います。

上の1〜4の　文しょうを　読んで、答えましょう。（ならって　いない　かん字は、ひらがなで　書きましょう。）

1　はたらきありたちは、何が　あたたかく　なると、すを　広く　ふかく　して　いきますか。

2　はたらきありは、えさを　すに　どのように　して　もちかえりますか。

みんなで　（　　　）　すに　もちかえります。

3　女王ありが　うんだ　たまごと　ようちゅうの　せわを　するのは　何ですか。

4　(1)　ありの　すの　中で、中心に　いるのは　何ですか。

(2)　すの　中で、はたらきありたちは、どのように　して　生活して　いますか。

（　　　）、（　　　）を　（　　　）　生活して　います。

せつ明文（生活）
四文の 文しょうを 読みとろう ②

名まえ

1 シオカラトンボは、はらの 色が、うすい 青色を した トンボで、春から 夏に かけて ぼうの 先などに とまって いるのを よく 見かけます。

2 また、同じころ ムギワラトンボと よばれる トンボも よく とんでいて、その 大きさや すがた 形は、シオカラトンボと よく にて いますが、はらの 色は むぎわらのような 黄色を して います。

3 このように、ムギワラトンボと シオカラトンボは、はらの 色が ちがうので、べつの しゅるいの トンボのように 見えます。

4 しかし、ムギワラトンボと よんで いるのは、じつは、シオカラトンボの メスの ことで、名まえや はらの色は ちがっても ムギワラトンボは、シオカラトンボと 同じトンボの オスと メスなのです。

上の1〜4の 文しょうを 読んで、答えましょう。

1 シオカラトンボは、はらの色が 何色を した トンボですか。

うすい（　　）色

2 (1) シオカラトンボと ムギワラトンボの 体の ようすで、正しい 方に ○を つけましょう。

（　）大きさや すがた 形は、ちがって いる。

（　）大きさや すがた 形は、よく にて いる。

(2) ムギワラトンボの はらの 色は、どんな色を して いますか。

（　　）のような（　　）色

3 ムギワラトンボと シオカラトンボが、べつの トンボのように 見えるのは、何が ちがうからですか。

（　　）の 色

4 シオカラトンボと ムギワラトンボに ついて、正しい もの 二つに ○を つけましょう。

（　）シオカラトンボと ムギワラトンボは べつの しゅるいの トンボです。

（　）シオカラトンボと ムギワラトンボは 同じ しゅるいの トンボです。

（　）シオカラトンボの メスは、ムギワラトンボと よばれて います。

せつ明文（生活）
四文の 文しょうを 読みとろう ③

名まえ

1

秋に できる かきの みには、あまがきと しぶがきと いう 二つの しゅるいが あります。

2

あまがきは、かわを むいて そのまま 食べられる かきで 名まえの とおり、あまい かきです。

3

ところが、もうひとつの しぶがきの 方は、そのままでは しぶくて 食べる ことが できません。

4

でも、しぶがきの、かわを むいた あと、ひもなどで つるして 日に あてて、ほすと、しぶみが とれて あまくなり、おいしい ほしがきが できます。

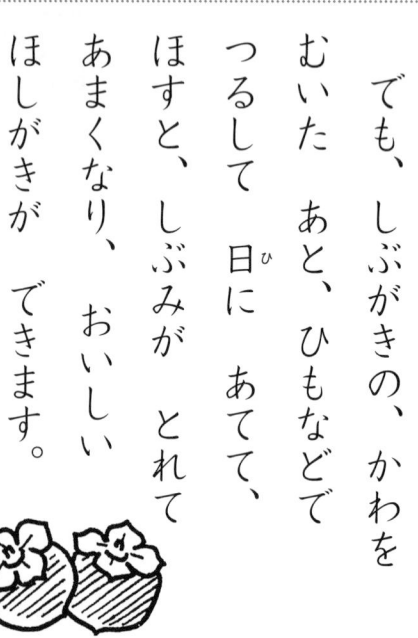

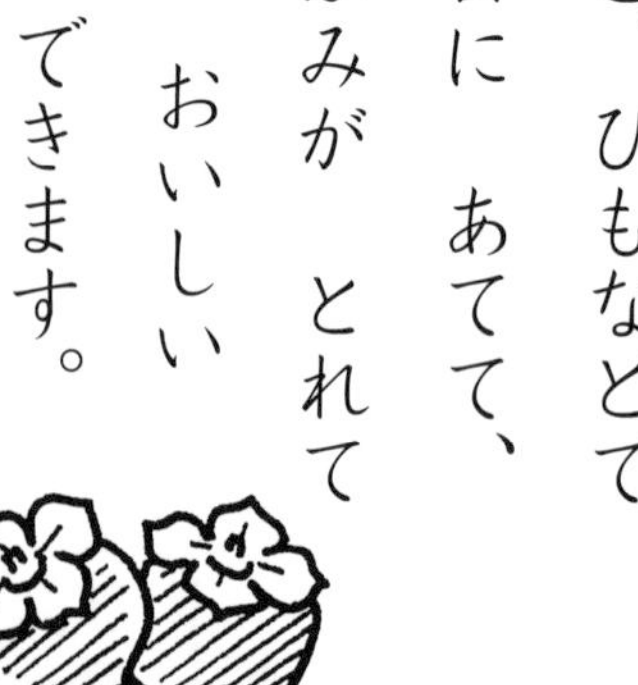

上の 1 〜 4 の 文しょうを 読んで、答えましょう。

1 (1) かきの みが できる きせつは、いつですか。一つに ○を つけましょう。

（　）春　（　）夏　（　）秋　（　）冬

(2) かきの みの しゅるいを 二つ 書きましょう。

［　　　　］［　　　　］

2 かわを むいて そのまま 食べられる かきは、何と いう かきですか。

［　　　　］

3 そのままでは、しぶくて 食べる ことが できない かきは、何と いう かきですか。

［　　　　］

4 つぎの 文には、ほしがきの 作り方が 書いて あります。（　）に 合う ことばを ［　］から えらんで 書きましょう。

① しぶがきの （　　）を むく。

② （　　）などで つるす。

③ （　　）に あてて、（　　）。

［ ほす　ひも　日　かわ ］

せつ明文（生活）
四文の　文しょうを　読みとろう④

名まえ

1
クヌギなどの　木には、じゅえきと　いう　㋐木のしるを　出す　ところが　あります。

2
そこには　その　じゅえきを　食べる　ために　カナブンや　クワガタムシ、カブトムシなど、多くの　虫が　あつまって　きます。

3
しかし、たくさんの　虫が　あつまると、じゅえきの　出て　いる　ばしょの、㋑とり合いが　おこります。

4
カブトムシが、そこに　いる　ほかの　虫を　おいはらう　ときに　つかうのが、大きくて　りっぱな　つので、あい手の　はらの　下に、その　つのを　入れ、もち上げて、なげとばすのです。

上の1〜4の　文しょうを　読んで、答えましょう。

1　㋐木の　しるの　ことを　何と　いいますか。

（　　　　）

2　じゅえきを　食べる　ために　あつまって　くる虫を　文中から さがして 三つ　書きましょう。

（　　　　）（　　　　）（　　　　）

3　たくさんの　虫が、あつまると、何の　㋑とり合いが　おこるのですか。

（　　　　）の（　　　　）出て　いる（　　　　）

4　カブトムシの　つのは、どんな　ときに　つかわれますか。

（そこに　いる　　　　）とき

お話

ミリーのすてきなぼうし ①

名まえ

1

ケーキやさんの前を通ったら、
おいしそうなケーキが
いっぱいならんでいました。
ミリーは、そうぞうしました。
すると、ぼうしは、
ケーキのぼうしになりました。
花やさんを通りすぎたとき、
ミリーのぼうしは、
花でいっぱいの
ぼうしになりました。
　公園では、ふんすいのぼうしです。
　そのときです。ミリーは、
㋐気がつきました。ぼうしを
かぶっているのは、
じぶんだけじゃないんだと。
みんな、ぼうしをもっていたのです。
そのどれもが、それぞれちがった
ぼうしでした。

2

　むこうから、おばあさんが
やって来ました。
おばあさんのぼうしは、
㋑くらくてさびしい水たまりでした。
ミリーがおばあさんに
ほほえみかけると、
㋒ミリーのぼうしの中から
鳥や魚がとび出して、
おばあさんのぼうしに
とびうつりました。
　ミリーはうれしくなって、
歌を歌いました。
するとぼうしも
いっしょに歌いました。

（令和六年度版　光村図書　こくご　二上　たんぽぽ　きたむら　さとし）

1 の　文しょうを　読んで、答えましょう。

(1) ケーキやさんの　前で、ぼうしは、何の　ぼうしに　なりましたか。

［　　　］の　ぼうし

(2) 公園では、何の　ぼうしですか。

［　　　］の　ぼうし

(3) ㋐気がつきましたとありますが、どんな　ことに　気がつきましたか。○を　つけましょう。

（　）ぼうしを　かぶっているのは、じぶんだけだと　いうこと。

（　）みんな、ぼうしを　もっていると　いうこと。

2 の　文しょうを　読んで、答えましょう。

(1) ㋑くらくてさびしい水たまりの　ぼうしは、だれの　ぼうしですか。

［　　　］の　ぼうし

(2) ㋒ミリーのぼうしの中から　とび出した　ものを　書きましょう。

［　　］や［　　］が　とび出した。

(3) ミリーと　いっしょに　歌を　歌った　ものは、何ですか。

［　　　］

お話 ミリーのすてきなぼうし ②

名まえ

1

そうしてミリーは、家に
もどりました。
でも、ぼうしが大きくなりすぎて、
中に入れません。
ミリーは、ちがったぼうしを
そうぞうしてみました。
あミリーは、家に入ると言いました。
「ママ、わたしの新しいぼうし、
見て。きれいでしょ。」
「新しいぼうし。」
ママは、ちょっと
びっくりしています。
だって、ぼうしなんかどこにも――。
でも、ママは、こう
こたえることにしました。

2

ア「まあ、すてきね。ママも、
そんなぼうし、ほしいな。」
イ「ママだってもってるのよ、
ほんとうは。
そうぞうすればいいの。」
と、ミリー。
そうです。
いだれだってもっているのです。
じぶんだけの
すてきなぼうしを。

（令和六年度版　光村図書　こくご　二上　たんぽぽ　きたむら　さとし）

1の 文しょうを 読んで、答えましょう。

(1) ミリーが 家の 中に 入れないのは どうしてですか。文の 中の ことばで 答えましょう。

ぼうしが ［　　　］ なりすぎて、
中に入れません。

(2) あミリーは、家に入ると ママに ぼうしの ことを、何と 言いましたか。

わたしの ［　　　］ ぼうし、
見て。［　　　］ でしょ。

2の 文しょうを 読んで、答えましょう。

(1) アの ことばは、だれが 言った ことばですか。

［　　　］

(2) イの ことばは、だれが 言った ことばですか。

［　　　］

(3) いだれだってもっているのは、何ですか。一つに ○を つけましょう。

（　）ママの すてきなぼうし
（　）ミリーの すてきなぼうし
（　）じぶんだけの すてきなぼうし

お話

みきのたからもの ①

名まえ

1

公園の入り口に、
(あ)トランプのカードのようなものが、
おちていました。
「あれ。なんだろう。」
通りかかったみきは、かがんで
それを(い)ひろいました。
さがしている人が　いるかも
しれないと、カードをもって、
公園に入っていきました。そこで、
みきは、何なのか
よく分からないものを
(う)見つけたのです。

2

(え)おそるおそる近よると、
それは、マヨネーズの
ようきみたいな形でした。
でも、マヨネーズの
ようきよりも
ずっと大きくて、
どっしりとおもそうでした。
「すみません、そのカード。」
後ろで声がしました。
ふりかえると、いつのまにか、
(お)見なれない生きものが
立っていました。
「遠い星から来ました。
わたしは、ナニヌネノンン。」
と、その生きものは言いました。
みきは、おどろいて　目を丸く
しました

（令和六年度版　光村図書　こくご　二下　赤とんぼ　はちかい　みみ）

1 の　文しょうを　読んで、答えましょう。

(1) どこに、(あ)トランプのカードのようなものが、おちていましたか。

（　　　　）の入り口

(2) だれが(い)ひろいましたか。名前を書きましょう。

(3) (う)公園に入っていったみきは、何を見つけたのですか。○をつけましょう。

（　）トランプのカードのようなもの。
（　）何なのか　よく分からないもの。

2 の　文しょうを　読んで、答えましょう。

(1) (え)おそるおそる近よるとは、どのように近よったのですか。○をつけましょう。

（　）何だろうと、わくわくして近よった。
（　）何だろうと、こわごわ近よった。

(2) (お)見なれない生きものは、どこから来たと言いましたか。

(3) (お)見なれない生きものは、名前を　何と言いましたか。

お話　みきのたからもの ②

名まえ

1

「わたし、みき。」
と、少しきんちょうしながら
言いました。
「みきちゃんが、手にもっている、
そのカード、あわたしのです。
いそれがないと、のりものが
うごかないのです。
どこかで、うなくして、
とてもこまって
いたのです。」
「えっ。これ。」
みきは、ナニヌネノンに
カードをわたしました。

2

「え見つけてくれて、ありがとう。
たすかりました。
わたしは、これから、自分の星に帰ります。」
と言いながら、ナニヌネノンは、
マヨネーズのようきみたいな
形のものに、近づいていきました。
それが、ナニヌネノンの
おのりものらしいのです。
「それにのって帰るの。」
と、みきはかしつもんしました。
むねがどきどきしました。
「はい。ふるさとのポロロン星に。」

（令和六年度版　光村図書　こくご　二下　赤とんぼ　はちかい　みみ）

1 の 文しょうを 読んで、答えましょう。

(1) あわたしはだれですか。名前を書きましょう。

(2) いそれがないとどうなりますか。

のりものが（　　　）のです。

(3) 何をうなくして、とてもこまっていたのですか。

2 の 文しょうを 読んで、答えましょう。

(1) え見つけてくれて、ありがとうと言ったのは、だれですか。○をつけましょう。

（　）みき　（　）ナニヌネノン

(2) ナニヌネノンのおのりものは、どんな形のものですか。

（　　）の（　　）みたいな形のもの。

(3) みきがかしつもんしたとき、ナニヌネノンは何と答えましたか。

「はい。（　　）の（　　）星に。」

お話

みきのたからもの ③

名まえ

1

それなら、ナニヌネノンを見おくろうと思いました。ⓐ空にむかってとんだら、きっと、だんだん見えなくなるだろうと思いました。

「いいこと考えた。」

みきは、ポケットから、一本のリボンを　するすると　とり出しました。あざやかなオレンジ色のⓘリボンです。

「のりものの後ろに、このリボンをむすびつけて。」

と、ⓤみきはリボンをわたしました。

「どうしてですか。」

と、ナニヌネノンは首をかしげました。

2

「これから、空へむかってとぶでしょう。そうしたら、きっと、つけたリボンがⓔひらひらするでしょう。ⓞリボンが見えなくなるまで、ここで見おくりたいの。」

「ああ、ありがとう。」

と、ナニヌネノンはうれしそうに言いました。

「だれかに、見おくってもらうなんて、はじめてです。だから、ⓚうれしいです。」

1の　文しょうを　読んで、答えましょう。

(1) ⓐ空にむかってとぶのは、だれですか。○をつけましょう。

（　）みき　（　）ナニヌネノン

(2) どんなⓘリボンですか。

あざやかな（　　　）色のリボン。

(3) 何と言って、ⓤみきはリボンをわたしましたか。

「（　　　）の後ろに、このリボンを（　　　）。」

2の　文しょうを　読んで、答えましょう。

(1) 何がⓔひらひらするのですか。

(2) みきは、ⓞリボンが見えなくなるまでどうしたいと言いましたか。○をつけましょう。

（　）ここで見おくりたい。

（　）いっしょにとびたい。

(3) ナニヌネノンがⓚうれしいのはなぜですか。○をつけましょう。

（　）リボンをつけて空をとべるから。

（　）見おくってもらうのがはじめてだから。

（令和六年度版　光村図書　こくご　二下　赤とんぼ　はちかい　みみ）

お話 せかい一の話 ①

名まえ

1

ささて、それから　あ何千里、
赤くそまった　日ぐれの海で、
ザブラン、でかえび、思うには、
い「おいらも、すこうし
ねむたくなった。
どっかに、ほらあな、ないものか。」
はるかむこうの　海の上、
ぴょっこりつき出た　黒いしま。
しまには、ふかあい　うほらのあな。
「やあ、いいあなが
見つかった。今夜は
ここに　とまるべえ。」

2

びっくりぎょうてん、
でかえびが、外へとび出て、
よくよく見ると、
黒くてふかあい　えほらあなは、
でっかいでっかい　海がめの、
はなのあなで　あったとさ。
さすがのでかえび、ちぢこまり、
お「お見それしました、海がめさま。
八甲田山の　大わしに
かわってたびに　出ましたが、
お前さまには
かないません。
きょうから、
あなたが　せかい一。」

(令和六年度版　光村図書　こくご　二下　赤とんぼ　きた　しょうすけ)

1 の文しょうを　読んで、答えましょう。

(1) あ何千里とは、どのような　ようすを
あらわしていますか。
○を　つけましょう。

（　）近い　ようす
（　）遠い　ようす

(2) いは　だれが　言った　ことばですか。

(3) うほらのあなは、どこに　ありましたか。

ぴょっこりつき出た
［　　］い［　　］。

2 の文しょうを　読んで、答えましょう。

(1) えほらあなは、何でしたか。
○をつけましょう。

（　）でっかいでっかい
海がめの　はなのあな
（　）でかえびの　ひげ

(2) おは、だれが、だれに　言った
ことばですか。○を　つけましょう。

（　）海がめが　でかえびに　言った。
（　）でかえびが　海がめに　言った。

お話

せかい一の話 ②

名まえ

1

海がめ、あまなこを　いぱちくり
させて、
「とんでもないこと、とんでもない、
おいらがせかいで　一番なんて。
よっく見なされ、足元を。
おいらののってる、うこのしまを。
これは、くじらの　せなかだが、
生まれて間もない　赤んぼう。
親のくじらは　何十ばい。
その親だって、
しおふきの、
なかまのうちでは
小さいほう。」

2

聞いておどろき、見てあきれ、
でかえび、ひげを　下にたれ、
「せかいっていひろうい
もんだなあ、
上には上が　あるもんだ。
今の今まで、おいらほど
でっかいものは　いないべと、
思っていたのが　えはずかしい。
いばっていたのが、おなさけない。
せかいの広さ、でっかさを、
八甲田山の　大わしにも、
か知らせてやらにゃ
なるまいて。」

※しおふき…くじらのこと

（令和六年度版　光村図書　こくご　二下　赤とんぼ　きた　しょうすけ）

1 の　文しょうを　読んで、答えましょう。

(1) あまなことは、海がめの　何ですか。

（　　）海がめの　頭

（　　）海がめの　目。

(2) 海がめが　まなこを　いぱちくり　させたのは　なぜですか。○を　つけましょう。

（　　）海がめが、せかいで　一番なんて　ことは　ないから。

（　　）海がめが、せかいで　一番だと　思って　いるから。

(3) うこのしまは　何ですか。□に　ことばを　書きましょう。

［　　　］の　せなか

2 の　文しょうを　読んで、答えましょう。

(1) えはずかしい。おなさけない。と　言って　いるのは　だれですか。

［　　　］

(2) せかいの　広さ、でっかさを、だれに　か知らせてやらにゃ　なるまいて。と　言っていますか。

八甲田山の［　　　］にも、知らせてやらにゃ　なるまいて。

お話

風の ゆうびんやさん ①

名まえ

1

「すずめさん、ゆうびんです。」
こんどの ㋐手がみは、
やねの 上。
でも、風の じてん車は、
どこにでも はいたつします。
「すずめの 学校が はじまる
おしらせよ。」
㋑手がみを 読んで、すずめの
おかあさんが 言いました。
「学校って、なあに。
なに する ところなの。」
この はる 生まれた
子すずめたちが ききました。

2

㋒「みんなで あそんだり、うたを
うたったり するのよ。それから、
じょうずな とびかたとか、
えさの さがしかたとか、
いろんな ことを ならうのよ。」
㋓「わあ、おもしろそう。
早く いきたいな。」
子すずめたちは、
みじかい
はねを ひろげて、
㋔おかあさんの まわりを
ぴょんぴょん とびまわりました。

（令和六年度版 東京書籍 新編 新しい国語 二上 たけした ふみこ）

1 の 文しょうを 読んで、答えましょう。

(1) 風の じてん車は、㋐手がみを どこへ はいたつしますか。

（　　　）の 上

(2) ㋑手がみには、何が かいて ありましたか。○を つけましょう。

（　）風の じてんしゃは、どこにでも はいたつすること。

（　）すずめの 学校が はじまる おしらせ。

2 の 文しょうを 読んで、答えましょう。

(1) ㋒㋓のことばは、だれが いった ことばですか。［　］から えらんで かきましょう。

㋒ ［　　　］

㋓ ［　　　］

［ 子すずめたち　おかあさん ］

(2) ㋔おかあさんの まわりを ぴょんぴょん とびまわったのは だれですか。

（　　　）たち

お話

風の ゆうびんやさん②

名まえ

1

リンリン。じてん車の あベルを ならして、ゆうびんやさんは、みどりの 木かげを くぐります。
「くもさん、ゆうびんです。おや、いくもさんは、おひるね中だ。」
うゆうびんやさんは、くもの すの はしっこに、小さな みどりいろの ふうとうを、ていねいに はさみました。
くもが 目を さましたら、すぐ 気が つくように。

2

でも、しらない 人が 見たら、ぎんいろに 光る えくもの すに、小さな はっぱが ひっかかって いるだけだと おもうかも しれません。
はいたつする 手がみは、まだ まだ たくさん あります。
風の ゆうびんやさんは、お口ぶえを ふきながら、元気よく はしって いきます。

（令和六年度版 東京書籍 新編 新しい国語 二上 たけした ふみこ）

1の 文しょうを 読んで、答えましょう。

(1) ゆうびんやさんの じてん車の あベルは どんな 音ですか。

(2) くもさんに ゆうびんを とどけた とき いくもさんは 何を して いましたか。

(3) うゆうびんやさんは どこに 小さな みどりいろの ふうとうを はさみましたか。

（　　）の（　　）の はしっこ。

2の 文しょうを 読んで、答えましょう。

(1) えくもの すは、何いろに 光って いますか。

(2) お口ぶえを ふきながら、元気よく はしって いったのは だれですか。

（　　）の（　　）さん

お話 ニャーゴ ①

名まえ

1

ももを　食べおわると、三びきの子ねずみと　ねこは、のこったももを　もって、かえっていきました。

そして、あと　少しの　ところまで来た　ときです。ねこは、ぴたっと止まって、

㋐ニャーゴ

できるだけ　こわい　顔でさけびました。

そして、

㋑「おまえたちを　食って　やる。」と　言おうと　したその　ときです。

2

㋒ニャーゴ
ニャーゴ
ニャーゴ

三びきが　さけびました。

「へへへ、たまおじさんと㋓はじめて　会った　とき、おじさん、ニャーゴって　言ったよね。あの　とき、おじさん、こんにちはって言ったんでしょう。そして、今の　ニャーゴが　さよならなんでしょ。」

（令和六年度版　東京書籍　新編　新しい国語　二上　みやにし　たつや）

1の　文しょうを　読んで、答えましょう。

(1)　三びきの　子ねずみと　ねこが　もって　かえった　ものは、何ですか。

のこった [　　]

(2)　ねこは、どんな　顔で　㋐ニャーゴと　さけびましたか。

できるだけ（　　　　）顔

(3)　㋑の　ことばを　言おうと　したのは、だれですか。

[　　]

2の　文しょうを　読んで、答えましょう。

(1)　㋒の　ニャーゴは、だれが　言いましたか。○を　つけましょう。

（　）三びきの　子ねずみ
（　）ねこ

(2)　㋓はじめて　会った　とき、ねこに　ニャーゴと　言われた　三びきは、何と　言われたのだと　思いましたか。[　] から　えらんで　書きましょう。

[　　]

こんにちは　　さよなら

お話（はなし）

ニャーゴ ②

名まえ

1

「おじさん、はい、これ　おみやげ。」

「みんな　一つずつだよ。ぼくは、弟に　おみやげ。」

あ「ぼくは、弟に。たまおじさんは、弟か　妹　いるの。」

「ぼくは、妹に。」

い「おれの　うちには、子どもが　いる。」

ねこは、小さな　声で　答えました。

う「へえ、何びき。」

え「四ひきだ。」

ねこが　そう　言うと、

「四ひきも　いるなら　一つじゃ足りないよね。ぼくの　あげる。」

お「ぼくのも　あげるよ。」

「ぼくの　ももも。」

「ううむ。」

ねこは、大きな　ためいきを　一つつきました。

2

ねこは、ももを　かかえて歩きだしました。子ねずみたちが、手を　ふりながらさけんで　います。

「おじさあん、また行こうね。」

か「やくそくだよう。」

「きっとだよう。」

ねこは、ももを　だいじそうにかかえた　まま、

ニャーゴ

小さな　声で　答えました。

（令和六年度版　東京書籍　新編　新しい国語　二上　みやにし　たつや）

1の　文しょうを　読んで、答えましょう。

(1) あ〜えの　ことばの　うち、ねこ（たまおじさん）が　言った　ことばを　二つ　見つけて、記ごうで答えましょう。

(2) お「ぼくの　ももも。」は、だれが　だれに　言った　ことばですか。（　）に□から　えらんで　書きましょう。

（　　　）が（　　　）に　言った　ことば。

ねこ　子ねずみ

2の　文しょうを　読んで、答えましょう。

(1) ねこは、何を　かかえて　歩きだしましたか。

(2) かやくそくとは、どんな　やくそくですか。○を　つけましょう。

（　）おじさんの　子どもに　会う　やくそく。

（　）また　いっしょに　行く　おいしい　ももを　とりに　行く　やくそく。

(3) 子ねずみたちの　ことばを　きいて、ねこは　何と　答えましたか。

お話 はるねこ ①

名まえ

1

それは、ちょうど　きょねんの　今ごろの　あその　年は、なにもかもが　へんでした。

そろそろ　あたたかな　はるが　やって　きても　いい　ころなのに、のはらには　花も　さかず、ちょうちょも　すがたを　見せません。

「早く　あったかい　おそとで　あそびたいなあ。」

空は　どんより　くもり空。そとは　ひんやり　さむそうです。

2

あやは、きょうも　いえの　中で、おりがみあそびを　して　いました。

その　とき　にわの　ほうから、なにやら　いぶつぶつ　つぶやく　声が　きこえて　きました。

あやが、そとを　のぞいて　みると、そこには　わか草色の　ねこが　いて、何かを　いっしょうけんめい　さがして　いたのです。

（令和六年度版　教育出版　ひろがることば　小学国語　二上　かんの　ゆうこ）

1の　文しょうを　読んで、答えましょう。

(1) あその　年とは、いつの　ことですか。○を　つけましょう。

（　）ことし

（　）きょねん

(2) あその　年は、どんなことが　へんでしたか。二つに　○を　つけましょう。

（　）のはらに　花が　さかない。

（　）ちょうちょが　すがたを　見せない。

（　）早く　はるが　やって　きた。

（　）そとが　あたたかい。

2の　文しょうを　読んで、答えましょう。

(1) あやは、いえの　中で　どんな　あそびを　していましたか。

（　　　　）あそび

(2) いぶつぶつ　つぶやく　声は、どこから　きこえて　きましたか。

（　　　　）の　ほうから

(3) ねこは、どんな　色を　して　いますか。

お話

はるねこ ②

名まえ

1

あ「こんにちは、ねこさん。どう したの。」

い「ああ、もう どう したら いいんだろう。あれが ないと、ことしの はるは やって こない。こまった こまった、どう しよう。」

う「ええっ。はるが やって こないの。」

あやが おどろくと、その ねこは 言いました。

2

え「ぼくは、はるねこ。まいとし、はるを はこぶ ことが、ぼくの しごとなの。それなのに ぼくったら、たくさんの『はるの たね』が つまった きんちゃくぶくろを、どこかに おとしちゃったんだ。」

お「だから、ことしの はるは、なかなか やって こなかったのね。」

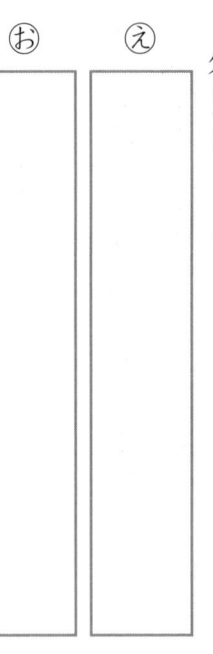

（令和六年度版　教育出版　ひろがることば　小学国語　二上　かんの　ゆうこ）

1の 文しょうを 読んで、答えましょう。

(1) あ、い、うは、だれが 言った ことばですか。「あや」か「ねこ」で 答えましょう。

あ ［　　］　い ［　　］　う ［　　］

(2) ねこは、何が やって こなくて こまって いますか。

ことしの（　　　　）

2の 文しょうを 読んで、答えましょう。

(1) え、おは、だれが 言った ことばですか。「あや」か「はるねこ」で 答えましょう。

え ［　　］　お ［　　］

(2) はるねこの しごとに、○を つけましょう。

（　）まいとし、はるを はこぶ こと。

（　）「はるの たね」を きんちゃくぶくろに つめる こと。

(3) たくさんの「はるの たね」は、どこに 入って いましたか。

［　　　　］

お話 はるねこ ③

名まえ

1

その とき、つくえの 上に あった あ一まいの おりがみが、あやの 足もとに、ふわりと すべりおちて きました。

「そうだ。この おりがみで、いっしょに はるを つくって みようよ。」

2

い「えっ。そんな ことが できるのかい。」

「やって みるの。さあ、はるねこさんも てつだって。」

あやと はるねこは、たのしく うたいながら、たくさんの 花を つくりはじめました。

（令和六年度版 教育出版 ひろがることば 小学国語 二上 かんの ゆうこ）

1の 文しょうを 読んで、答えましょう。

(1) あ一まいの おりがみは、あやの どこに すべりおちて きましたか。

あやの（　　　）

(2) あ一まいの おりがみは、どんな ふうに すべりおちて きましたか。

（　　　）と すべりおちて きました。

(3) あやは、おりがみで 何を つくって みようと 言いましたか。

（　　　）

2の 文しょうを 読んで、答えましょう。

(1) いは、だれが 言った ことばですか。○を つけましょう。

（　）はるねこ

（　）あや

(2) あやと はるねこは、何を つくりはじめましたか。

たくさんの（　　　）

(3) あやと はるねこは、どんな ようすで つくりはじめましたか。

（　　　）く（　　　）ながら、つくりはじめました。

せつ明文

紙コップ花火の作り方 ①

名まえ

1

つぎに、花火のぶぶんを作ります。半分に切った紙を、一センチメートルのはばで、手前からおります。このとき、谷おり、山おりのじゅんに、くりかえしておりましょう。はばが細すぎると、花火がうまくひらかないので、気をつけましょう。さいごまでおると、細い長方形になります。それを、長さが半分になるようにおります。ⓐかさなるところを、のりでつけて、しゃしん④のような形にしましょう。

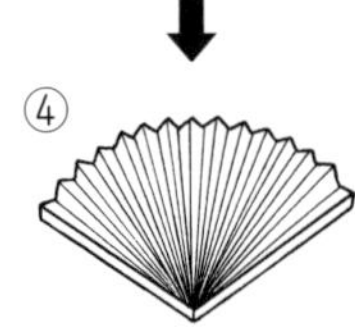

2

もう一まいの紙も、同じ形にします。二つできたら、わりばしの太いほうの先に、のりでつけます。わりばしをはさむようにして、つけましょう。

（令和六年度版　光村図書　こくご　二下　赤とんぼ　まるばやし　さわこ）

1 の 文しょうを 読んで、答えましょう。

(1) 何のぶぶんの 作り方について 書いてありますか。

［　　　］のぶぶん

(2) 一センチメートルのはばで、手前からおるとき、どのように おりますか。文の 中の ことばを 書きましょう。

このとき、（　　）おり、（　　）おりのじゅんに、くりかえしておる。

(3) ⓐかさなるところは、何で つけますか。

［　　　］

2 の 文しょうを 読んで、答えましょう。

(1) 紙で 同じ形のものを いくつ 作りますか。

（　　）つ

(2) わりばしの つけかたで あてはまるもの 二つに ○を つけましょう。

（　）わりばしを はさむように して つける。

（　）わりばしの 太いほうの 先に、のりで つける。

（　）わりばしを はさむので、のりは いらない。

せつ明文

紙コップ花火の作り方②

名まえ

1

あそれから、花火のぶぶんを、紙コップに入れます。紙コップをさかさまにおき、まん中にえんぴつをさして、あなを空けます。そのあなに、わりばしの細いほうを、紙コップの内がわからさしこみます。

2

さいごに、花火のぶぶんと紙コップを　くっつけます。セロハンテープで、花火のぶぶんのはしを　紙コップの外がわにとめます。はしの一まいだけをとめるようにしましょう。

い、紙コップ花火のできあがりです。

（令和六年度版　光村図書　こくご　二下　赤とんぼ　まるばやし　さわこ）

1の文しょうを　読んで、答えましょう。

(1) あそれから　何を　しますか。文の　中の　ことばを　書きましょう。

（　　　　）のぶぶんを、

（　　　　）に入れます。

(2) 紙コップの　まん中に　何を　さして　あなを　空けますか。○を　つけましょう。

（　）わりばし

（　）えんぴつ

2の文しょうを　読んで、答えましょう。

(1) 花火のぶぶんと　紙コップは、何を　つかって　くっつけますか。

(2) 花火のぶぶんのはしは、紙コップの　どこに　とめますか。○を　つけましょう。

（　）内がわ

（　）外がわ

(3) いに　あてはまる　ことばを　［　］から　えらんで　書きましょう。

［つぎに　これで］

せつ明文

ロボット①

名まえ

1

Ⓐ新しく考えられているロボットの一つに、にもつを家にとどけてくれるものがあります。Ⓘこのロボットは、ひとりでどうろをはしって、人の家まで、にもつをはこびます。

2

Ⓤにもつをまっている人は、とどける人が足りなかったら、Ⓔ何日もまつことになるかもしれません。このロボットがあれば、とどける人が足りないときでも、にもつをうけとることができます。

1 の文しょうを読んで、答えましょう。

(1) Ⓐ新しく考えられているロボットの一つに、どのようなものがありますか。

（　　）を（　　）にとどけてくれるもの。

(2) Ⓘこのロボットは、ひとりでどこをはしりますか。

2 の文しょうを読んで、答えましょう。

(1) Ⓤまっている人とありますが、何をまっている人ですか。

を　まっている人

(2) Ⓔ何日もまつことになるかもしれないのは、なぜですか。○をつけましょう。

（　）とどける人が足りないから。

（　）ロボットが足りないから。

せつ明文　ロボット②

名まえ

1

また、水ぞくかんのようなしせつで、あんないをしてくれるロボットもあります。

㋐このロボットは、人のしつもんを聞いて、答えたり、道あんないをしたりします。

2

たとえば、㋑水ぞくかんには、水そうがたくさんあります。見たい生きものの水そうまで、どう行けばいいか分からないこともあるでしょう。

でも、教えてくれる人が、近くにいないかもしれません。

㋒このロボットがあれば、知りたいことがあるときに、すぐにしつもんすることができます。

（令和六年度版　光村図書　こくご　二下　赤とんぼ　さとう　ともまさ）

1の文しょうを読んで、答えましょう。

(1) ロボットが、あるのはどこですか。

のようなしせつ。

(2) ㋐このロボットは何をしますか。二つに○をつけましょう。

（　）道あんないをする。

（　）人にしつもんをする。

（　）人のしつもんを聞いて答える。

2の文しょうを読んで、答えましょう。

(1) ㋑水ぞくかんには、何がたくさんありますか。

(2) ㋒このロボットがあれば、知りたいことがあるときに、すぐに何をすることができますか。

すぐに（　　）することができます。

せつ明文　たんぽぽの　ひみつを　見つけよう
たんぽぽ ①

名まえ

1

あたんぽぽは　じょうぶな草です。はが　つみとられたり　ふまれたり　しても、また　生えて　きます。いねが生きて　いて、あたらしいはを　作り出すのです。

たんぽぽの　ねを　ほってみました。ながい　ねです。百センチメートルいじょうのものも　ありました。

2

はるの　はれた　日に、花が　うさきます。花は、夕方　日が　かげると、とじて　しまいます。夜の　間、ずっと　とじています。つぎの　日、日が　さしてくると、また　ひらきます。

(令和六年度版　東京書籍　新編　新しい国語　二上　ひらやま　かずこ)

1の　文しょうを　読んで、答えましょう。

(1) あたんぽぽは、どんな　草ですか。

（　　）な　草

(2) いねが　生きて　いて、あたらしい何を　作り出すのですか。

あたらしい（　　）を作り出す。

2の　文しょうを　読んで、答えましょう。

(1) どんな日に　花が　うさきますか。

はるの（　　）日

(2) つぎの　1から3の（　）に　ことばを　書きましょう。

① 花は、夕方　日が　かげると、（　　）しまいます。

② 夜の　間、ずっと（　　）います。

③ つぎの　日、日が　さして　くると、また（　　）ます。

せつ明文 たんぽぽの ひみつを 見つけよう
たんぽぽ ②

名まえ

1

花を よく 見て みましょう。あ一つの 花のように 見えるのは、小さな 花の あつまりなのです。小さな 花を 数えて みたら、百八十も ありました。これより 多い ものも、少ない ものも あります。このい小さな 花に、みが 一つずつ できるように なって います。

2

花が しぼむと、みが うそだって いきます。花の みが じゅくすまで、くきは、ひくく たおれて います。みが じゅくして たねが できると、くきは おき上がって、たかく のびます。

1の 文しょうを 読んで、答えましょう。

(1) 花を よく 見て みると、あ一つの 花のように 見えるのは、何ですか。

小さな 花の （　　　　）。

(2) い小さな 花に、何が 一つずつ できるように なって いますか。

□

2の 文しょうを 読んで、答えましょう。

(1) 花が どう なると、みが うそだって いきますか。□から あう ことばを えらんで （　）に 書きましょう。

花が （　　　　）と みが そだって いきます。

しぼむ　ひらく

(2) つぎの ①②の とき 花の くきの ようすに あう ものを 下から えらんで ——線で むすびましょう。

① みが じゅくすまで ・　　・ おき上がって、たかく のびる。

② みが じゅくして たねが できると ・　　・ ひくく たおれて いる。

（令和六年度版　東京書籍　新編　新しい国語　二上　ひらやま　かずこ）

せつ明文 たんぽぽの ひみつを 見つけよう

たんぽぽ③

名まえ

1

はれた 日に、わた毛が ひらきます。たかく のびた くきの 上の わた毛には、風が よく 当たります。

わた毛は、風に ふきとばされます。

かるくて ふわふわした わた毛は、風に のって、とおくに 行く ことが できます。

2

わた毛が Ⓐ土に おちると、わた毛に ついて いる たねが、やがて めを 出します。たんぽぽは、そこで ねを はって、そだって いきます。

このように して、たんぽぽは、Ⓘいろいろな ところに 生え、なかまを ふやして いくのです。

（令和六年度版 東京書籍 新編 新しい国語 二上 ひらやま かずこ）

1の 文しょうを 読んで、答えましょう。

つぎの 文が、じゅんばんに なるように （ ）に 1・2・3の ばんごうを 書きましょう。

（ ）わた毛は、風に のって、とおくに 行く ことが できます。

（ ）はれた 日に、わた毛が ひらきます。

（ ）わた毛は、風に ふきとばされます。

2の 文しょうを 読んで、答えましょう。

(1) わた毛が Ⓐ土に おちると、どう なりますか。［ ］から ことばを えらんで （ ）に 書きましょう。

わた毛に ついて いる （ ）が、やがて （ ）を 出します。

たんぽぽは、そこで （ ）を はって そだって いきます。

［ め たね ね ］

(2) たんぽぽは、Ⓘいろいろな ところに 生え、何を ふやして いくのですか。

せつ明文

イルカと 話したい

名まえ

1

わたしの ゆめは、イルカと 話す こと。その ために、水ぞくかんで シロイルカの 「ナック」と けんきゅうを して います。

2

㋐人は、あたらしい ことばを おぼえる とき、まず その ことばを まねして みますよね。そこで、ナックにも 人の ことばを まねさせて みる ことに しました。もし、まねが できれば、人の ことばで 会話が できるのでは ないかと 考えたのです。

さいしょは 「ピー」と いう 音から はじめましたが、㋑、「おはよう」や 「ぴよぴよ」など、人の ことばと にて いる 音で こたえて くれるように なりました。

（令和六年度版 東京書籍 新編 新しい国語 二上 むらやま つかさ）

1 の 文しょうを 読んで、答えましょう。

(1) わたしの ゆめは、どんな ことですか。

（　　　　　　）こと

(2) わたしは、どこで、けんきゅうを して いますか。

2 の 文しょうを 読んで、答えましょう。

(1) ㋐人は、あたらしい ことばを おぼえる とき、まず 何を して みますか。

ことばを （　　　　　　） みます。

(2) ㋑には、どのような ことばが 入りますか。○を つけましょう。

（　）はじめは

（　）今では

(3) ナックは、どんな 音で こたえて くれるように なりましたか。

□□□□□ と にて いる 音。

せつ明文

どうぶつ園の かんばんと ガイドブック

名まえ

● かんばんの せつ明と ガイドブックの せつ明を 読んで、答えましょう。

かんばんの せつ明

アフリカゾウ

すんで いる 場しょ
アフリカ

体の 大きさ
体の 長さは 四メートルから 六メートル
体の おもさは 四トンから 七トン

たべもの
草や、木の えだや は、
だものなど

ブックの せつ明

アフリカゾウ

すんで いる 場しょ
アフリカの 草原や 森林に すんで います。

体の 大きさ
りくに すんで いる どうぶつの 中で、もっとも 大きい どうぶつです。体の 長さは 四メートルから 六メートル あり、体の おもさは 四トンから 七トン あります。

たべもの
たべものは、しょくぶつです。草や、木の えだや は、くだものなどを たべます。一日の うち、おきて いる 時間の ほとんどは、たべものを たべて いると いわれて います。

（令和六年度版 東京書籍 新編 新しい国語 二上「どうぶつ園の かんばんと ガイドブック」による）

(1) 何と いう どうぶつに ついての せつ明が 書いて ありますか。

(2) どちらの せつ明が くわしく 書かれて いますか。○を つけましょう。

（　）かんばん

（　）ガイドブック

(3) ガイドブックの せつ明を 読んで、アフリカゾウに ついて （　）に ことばを 書きましょう。

① アフリカの （　　）や （　　）に すんで います。

② りくに すんで いる どうぶつの 中で、もっとも （　　） どうぶつです。

③ たべものは、（　　）です。草や、木の えだや は、くだものなどを たべます。

詩

雨のうた

名まえ

雨のうた

つるみ まさお

あめは ひとりじゃ うたえない、
きっと だれかと いっしょだよ。
やねと いっしょに やねのうた
つちと いっしょに つちのうた
かわと いっしょに かわのうた
はなと いっしょに はなのうた。

あめは だれとも なかよしで、
どんな うたでも しってるよ。
やねで とんとん やねのうた
つちで ぴちぴち つちのうた
かわで つんつん かわのうた
はなで しとしと はなのうた。

（令和六年度版 光村図書 こくご 二上 たんぽぽ つるみ まさお）

上の 詩を 読んで、こたえましょう。

(1) この 詩の だい名を 書きましょう。

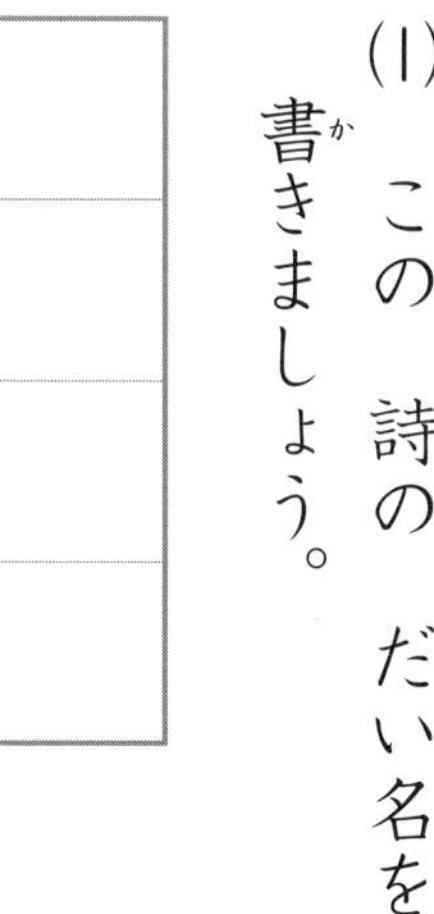

(2) つぎの うたは、だれと いっしょに うたいますか。

① □と いっしょに やねのうた

② □と いっしょに はなのうた

(3) つぎの うたを、あめが うたうとき、どのように うたいますか。

① やねのうた とんとん

② つちのうた

③ かわのうた

④ はなのうた

詩

たけのこ　ぐん

名まえ

たけのこ　ぐん

ぶしか　えつこ

たけのこが
ぐん
㋐せのびして
つちを　わったよ
㋑あたまに　きらり
つゆを　のせてる
あさの　おほしさんに
もらったのかな
たけのこ　のびろ
ぐん

（令和六年度版　東京書籍　新編　新しい国語　二上　ぶしか　えつこ）

上の　詩を　読んで、答えましょう。

(1) 詩の　だい名を　書きましょう。

たけのこ　□

(2) ㋐せのびして　何を　わりましたか。

せのびして　□を　わったよ

(3) ㋑あたまとは、だれの　あたまの　ことですか。○を　つけましょう。

（　）たけのこ
（　）おほしさん

詩 空に ぐうんと 手を のばせ

名まえ

空に　ぐうんと　手を　のばせ

しんざわ　としひこ

空に　ぐうんと　手を　のばせ
わたぐも
すじぐも
かきわけて
でっかい　おひさま
つかまえろ

海に　ぐうんと　手を　のばせ
大波
小波
かきわけて
でっかい　くじらを
つかまえろ

横に　ぐうんと　手を　のばせ
だれかと　しっかり
手を　つなげ
ぐるっと
地球を
かかえちゃえ

（令和六年度版　東京書籍　新編　新しい国語　二上　しんざわ　としひこ）

上の　詩を　読んで、答えましょう。
（ならって　いない　かん字は、ひらがなで　書きましょう。）

(1) 空に　ぐうんと　手を　のばして　かきわける　ものは　何ですか。［　］から　ことばを　二つ　えらんで　書きましょう。

（　　　　）

（　　　　）

［ 大波　わたぐも
小波　すじぐも ］

(2) 空や　海に　ぐうんと　手を　のばして　つかめと　言って　いますか。――線で　むすびましょう。

① 空・　　　・でっかい　くじら

② 海・　　　・でっかい　おひさま

(3) 横に　ぐうんと　手を　のばして、何を　かかえちゃえと　言って　いますか。（　）に　ことばを　書きましょう。

ぐるっと
（　　　　　）を
かかえちゃえ

詩

あまやどり

名まえ

あまやどり

つるみ　まさお

ゆうだち　ふって　きた
あっちから　きみが
こっちから　ぼくが
あたまを　かかえて
とびこんだ
大きな　木の　かさ
きみの　かさ
ぼくの　かさ
の　したで

ゆうだち　はれちゃった
あっち　いく　きみと
こっち　いく　ぼくと
にっこり　わらって
あくしゅした
大きな　木の　かさ
きみの　かさ
ぼくの　かさ
の　したで

（令和六年度版　東京書籍　新編　新しい国語　二下　つるみ　まさお）

上の　詩を　読んで、答えましょう。

(1) 詩の　だい名を　書きましょう。

(2) 何が　ふって　きましたか。

（　　　　）ふって　きた

(3) きみと　ぼくが　あたまを　かかえて、どこに　とびこんだのですか。

（　　　　）の　かさの　した

(4) あたまを　かかえて　とびこんだのは、何を　するため　ですか。○を　つけましょう。

（　）あまやどり
（　）あくしゅ

(5) ゆうだちが　はれて、きみと　ぼくが　した　ことは　何でしょう。

（　　　　）わらって
（　　　　）した

詩

ねこのこ

名まえ

ねこのこ

おおくぼ　ていこ

あくび　ゆうゆう
あまえて　ごろごろ
たまご　ころころ
けいと　もしゃもしゃ
かくれても　㋐ちりん
しかられて　しゅん
よばれて　つん
ミルクで　にゃん

（令和六年度版　光村図書　こくご　二下　赤とんぼ　「詩の楽しみ方を見つけよう」による）

上の　詩を　読んで、答えましょう。

(1)　つぎの　とき、ねこのこの　ようすを　どんな　ことばで　あらわして　いますか。―線で　むすびましょう。

①けいとで　あそんでいる・　　・ごろごろ
②あくびを　している・　　・もしゃもしゃ
③あまえている・　　・ころころ
④たまごで　あそんでいる・　　・ゆうゆう

(2)　㋐ちりん　のように、音や　ようすを「ん」で　おわる　ことばで　あらわして　います。つづきを　書きましょう。

しかられて　（　　　）
よばれて　（　　　）
ミルクで　（　　　）

詩

おとのはなびら

名まえ

おとのはなびら

のろ　さかん

ピアノのおとに　いろがついたら
ポロン　ピアノが　なるたびに
ポロン　ピアノが　なるたびに
おとのはなびら　へやにあふれて
にわにあふれて
おとのかだんを　つくるかしら

（令和六年度版　光村図書　こくご　二下　赤とんぼ「詩の楽しみ方を見つけよう」による）

上の　詩を　読んで、答えましょう。

(1) ピアノのおとに、何が　ついたらと　書いてありますか。□に　ことばを　書きましょう。

ピアノのおとに
□□が
ついたら

(2) ピアノは　どんなふうに　なりますか。詩の中から　ことばを　さがして　書きましょう。

□□□

(3) おとのはなびらは、どこに　あふれますか。

（　　　　）にあふれて
（　　　　）にあふれて

(4) おとのはなびらが　あふれて　つくるものは　何ですか。

おとの（　　　　）を
つくるかしら

きせつの　ことば　春が　いっぱい

詩　はなが　さいた

名まえ

はなが　さいた

まど・みちお

はなが　さいた
はなが　さいた
はひふへ　ほほほ
はなが　さいて
Ⓐみない　ひと　いない

はなが　さいた
はなが　さいた
ほへふひ　ははは
はなが　さいて
Ⓘおこる　ひと　いない

（令和六年度版　光村図書　こくご　二上　たんぽぽ「きせつの　ことば１　春が　いっぱい」による）

上の　詩を　読んで、答えましょう。

(1)　この　詩の　だい名を　書きましょう。

(2)　はなが　さいて　Ⓐみない　ひと　いない　とは、どう　いう　ことですか。○を　つけましょう。

（　）だれも　みたくない。
（　）みんなが　みたい。

(3)　はなが　さいて　Ⓘおこる　ひと　いない　のは、どう　してですか。一つに　○を　つけましょう。

（　）かなしい　気もちに　なるから。
（　）たのしい　気もちに　なるから。
（　）いらいらした　気もちに　なるから。

きせつの 足音 はる
詩 おがわの はる

名まえ

おがわの はる

あおと かいち

あいうえおがわに はるが きた
かきくけこおりも もう とけて
さしすせそろった つくしんぼ
たちつてとんでる もんしろちょう
なにぬねのはらの ひばりの こ

はひふへほんとに うれしいな
まみむめものかげ（あ） めだかの こ
やいゆえよしのめ よけて いく
らりるれろんろん（い） うたう みず
わいうえおがわに はるが きた

（令和六年度版 東京書籍 新編 新しい国語 二上「きせつの 足音――はる」による）

上の 詩を 読んで、答えましょう。

(1) はるは どこに きたのですか。□に ことばを 書きましょう。

あいうえ □ に
はるが きた

(2) つぎの ことばに つづく ことばを □に 書きましょう。

かきくけ こ□□ も
さしすせ そ□□
たちつて と□□
なにぬね の□□ の

(3) あものかげに いるのは 何ですか。

□□□ の こ

(4) いらりるれろんろん うたうのは 何ですか。

うたう □□

きせつの 足音 はる

詩 たんぽぽ

名まえ

たんぽぽ

かわさき ひろし

たんぽぽが
たくさん 飛んで いく
ひとつ ひとつ
みんな 名前が あるんだ
おうい たぽんぽ
おうい ぽぽんた
おうい ぽんたぽ
おうい ぽたぽん
川に 落ちるな

（令和六年度版 東京書籍 新編 新しい国語 二上 「きせつの 足音――はる」による）

上の 詩を 読んで、答えましょう。

(1) たんぽぽは どんな ようすですか。○を つけましょう。

（　）たんぽぽが たくさん 飛んで いく

（　）たんぽぽが 川に 落ちて いく

(2) たんぽぽの 名前を 四つ 書きましょう。

たぽんぽ			

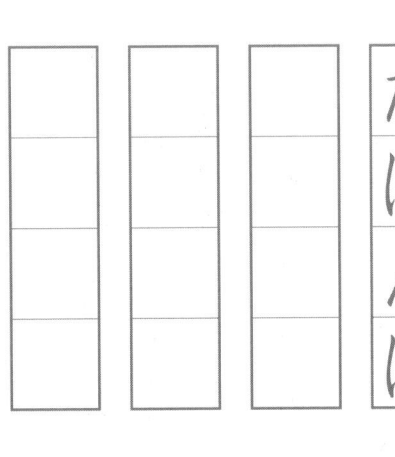

(3) 詩を かいた 人は たんぽぽに なんと よびかけて いますか。○を つけましょう。

（　）みんな 名前が あるんだ

（　）川に 落ちるな

きせつの ことば 夏が いっぱい

詩 みんみん

名まえ

みんみん

たにかわ しゅんたろう

みんみん なくのは せみ
そうっと ちかづく あみ
はやしの むこうに うみ
きらきら かがやく なみ

よびごえ きこえる みみ
いちばん なかよし きみ
とこやに いったね かみ
まっかに みのった ぐみ

（令和六年度版 光村図書 こくご 二上 たんぽぽ「きせつの ことば2 夏が いっぱい」による）

上の 詩を 読んで、答えましょう。

(1) この 詩の だい名を 書きましょう。

(2) つぎの 文に あう ことばを えらんで ——線で むすびましょう。

① みんみん なくのは ・　・みみ
② きらきら かがやく ・　・せみ
③ よびごえ きこえる ・　・きみ
④ いちばん なかよし ・　・なみ

(3) はやしの むこうに あるのは、何ですか。

(4) まっかに みのったのは、何ですか。

きせつの　足音(あしおと)　なつ

詩(し)　いるか

名まえ

いるか

たにかわ　しゅんたろう

いるかいるか
いないかいるか
いないいないいるか
いつならいるか
よるならいるか
またきてみるか

上(うえ)の　詩(し)を　読(よ)んで、答(こた)えましょう。

(1) 詩(し)の　だい名(めい)を　書(か)きましょう。

(2) 「いるか」という　ことばは、詩(し)の　中(なか)に、何回(なんかい)　つかわれて　いますか。

（　　）回(かい)

(3) 行(ぎょう)の　おわりが　「いるか」と　ちがう　ことばに　なって　いる　一行(いちぎょう)を　書(か)きましょう。

またきて（　　　）

（令和六年度版　東京書籍　新編　新しい国語　二上「きせつの　足音――なつ」による）

きせつのことば　秋がいっぱい

詩　やま

名まえ

やま

かんざわ　としこ

ゆうべの　あめが
すっきり　はれて
やまは　ごきげん
㋐あかい　きいろい
もみじきて
くもを　だっこして
すわってる

上の　詩を　読んで、答えましょう。

(1)　この　詩の　だい名を　書きましょう。

(2)　ゆうべは　どんな　てんき　でしたか。

(3)　だれが　ごきげんなのですか。

(4)　㋐あかい　きいろい　もみじきて　と　ありますが、今の　きせつは　いつですか。一つに　○を　つけましょう。

（　）春
（　）夏
（　）秋

（令和六年度版　光村図書　こくご　二下　赤とんぼ「きせつのことば3　秋がいっぱい」による）

きせつの 足音 あき

うさぎ／ことばあそび

名まえ

1 つぎの 歌を 読んで、答えましょう。

うさぎ

（文部省唱歌）

うさぎ うさぎ
何 見て ㋐はねる
十五夜 お月さま
見て はねる

※十五夜…昔の こよみ（カレンダー）で、毎月 十五日の夜。まん月の 夜の こと。

（令和六年度版 東京書籍 新編 新しい国語 二下「きせつの 足音——あき」による）

(1) 歌の だい名を 書きましょう。

(2) ㋐はねるとは、どう する ことですか。○を つけましょう。

（　）とび 上がる。
（　）とび 立つ。

(3) うさぎは、何を 見て、はねて いますか。

十五夜（　　）

2 つぎの ことばあそびを □の 数に くぎって 読みましょう。（れい）の ように、くぎる ところに ―線を 書きましょう。

（れい） おどろき｜ももの木｜さんしょのき 3

① ありがたいならいもむしゃくじら 4

② なにかようかここのかとおか 4

（令和六年度版 東京書籍 新編 新しい国語 二下「きせつの 足音——あき」による）

きせつのことば

冬がいっぱい

名まえ

せんりょう
ゆず
さざんか
うめの花
ひいらぎ
だいこん
みかん
はくさい
つばき
すいせん
みのむし

上の　絵を　見て、答えましょう。

(1)　冬に　かんけいの　ある　花や　木の　名前を　□から　見つけて　三つ　書きましょう。

さざんか　ひいらぎ
さくら　せんりょう

(2)　冬に　かんけいの　ある　やさいや　くだものの　名前を　□から　見つけて　三つ　書きましょう。

はくさい　きゅうり
みかん　だいこん

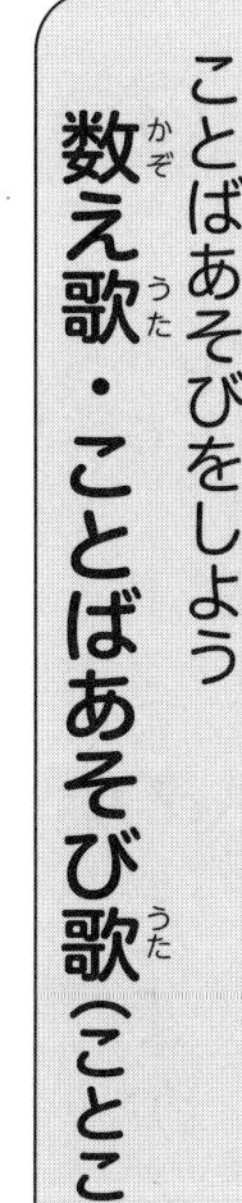

ことば
ことばあそびをしよう

数え歌・ことばあそび歌（ことこ）

名まえ

1

いちじく　にんじん
さんしょに　しいたけ
ごぼうに　むかごに
ななくさ　はつたけ
きゅうりに　とうがん

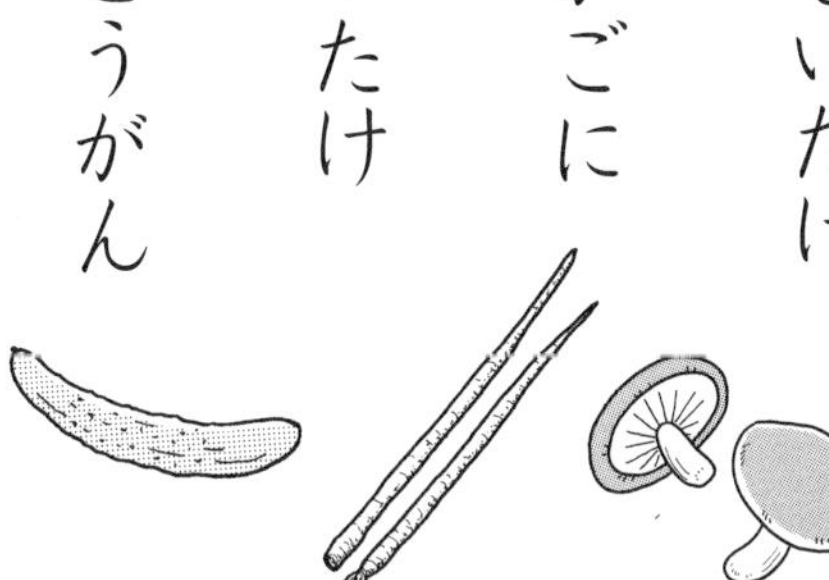

2

ことこ

たにかわ　しゅんたろう

このこのこのこ
どこのここのこ
このこのこののこ
たけのこきれぬ

そのこのそのそ
そこのけそのこ
そのこのそのおの
きのこもきれぬ

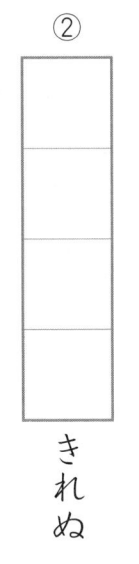

1 上の 数え歌を 読んで、答えましょう。

● 数え歌で、つぎの 数は、どんな やさいに なって いますか。□に ことばを 書きましょう。

① 二（に）…［にんじん］

② 五（ご）…［ご　　　］

③ 九（きゅう）…［　　　　］

2 上の 詩を 読んで、答えましょう。

(1) □に ことばを 書きましょう。

① このこ［　　　　］

② ［　　　］きれぬ

(2) □に ことばを 書きましょう。

① そのこ［　　　　］

② ［　　　］もきれぬ

（令和六年度版　光村図書　こくご　二上　たんぽぽ「ことばあそびをしよう」による）

ことば むかしから つたわる 言い方

いろはかるた

名まえ

● 「いろは歌」を つかった 「いろはかるた」という あそびが あります。

(1) つぎの 絵ふだに 当てはまる 読みふだを ――線で むすびましょう。

〈絵ふだ〉

①  い　・　・

② ろ　・　・

③  は　・　・

④  に　・　・

〈読みふだ〉

犬も歩けば 棒にあたる

花より 団子

二階から 目薬

論より 証拠

(2) つぎの いろはかるたの 文の つづきを ――線で むすんで、読みましょう。

① ち りもつもれば　・　　・ しりかくさず

②  ほ とけの顔も　・　　・ 山となる

③  あ たまかくして　・　　・ 三度

ことば

二つの かん字で できて いる ことば

名まえ

(1) つぎの 二つの かん字で できて いる ことばの いみを 下から えらんで ——せんで むすびましょう。

① 新年 ・　・小さい石

② 小石 ・　・学校の門

③ 校門 ・　・新しい年

④ 左手 ・　・海の水

⑤ 海水 ・　・左の手

(2) つぎの ことばから、二つの かん字で できた ことばを □に 書きましょう。

① 小さな川　［小川］

② 大きな木　［　］

③ 古い本　［　］

④ 新しい車　［　］

⑤ 子どもの牛　［　］

⑥ 親の鳥　［　］

⑦ 青い空　［　］

⑧ 白い線　［　］

※児童に取り組ませる前に、必ず先生が問題を解いてください。本書の解答や指導にあたっては、あくまで１つの例です。児童の多様な考えに寄り添って、○つけをお願いします。

解答例

※ワークシートと解答例は、学習する児童の実態にあわせて拡大してお使いください。

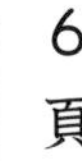

6頁

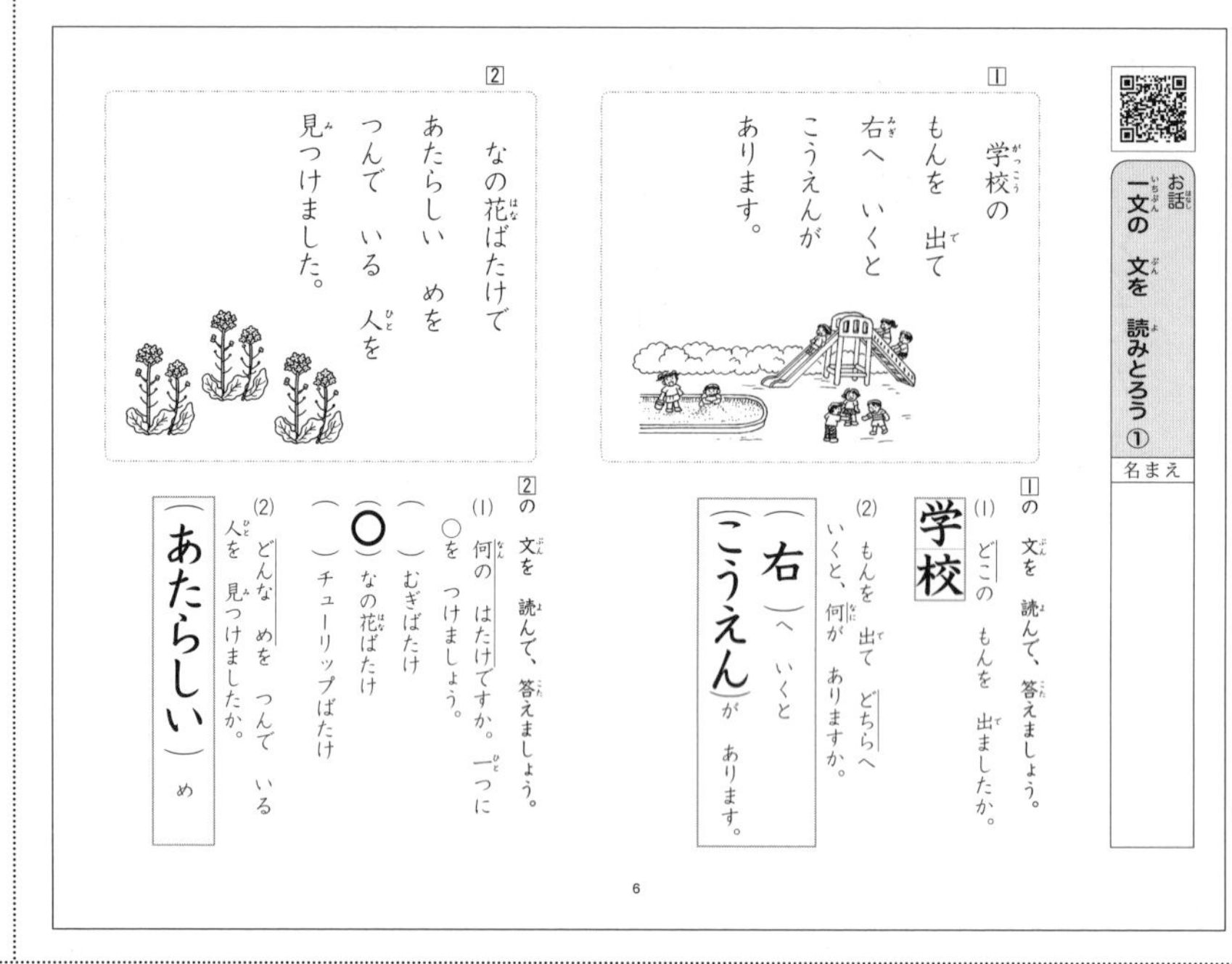

お話 一文の 文を 読みとろう ①

名まえ

1 学校の もんを 出て 右へ いくと こうえんが あります。

2 なの花ばたけで あたらしい めを つんで いる 人を 見つけました。

1の 文を 読んで、答えましょう。

(1) どこの もんを 出ましたか。

学校

(2) もんを 出て どちらへ いくと、何が ありますか。

（右）へ いくと （こうえん）が あります。

2の 文を 読んで、答えましょう。

(1) 何の はたけですか。一つに ○を つけましょう。

（　）むぎばたけ
（○）なの花ばたけ
（　）チューリップばたけ

(2) どんな めを つんで いる 人を 見つけましたか。

（あたらしい）め

6

7頁

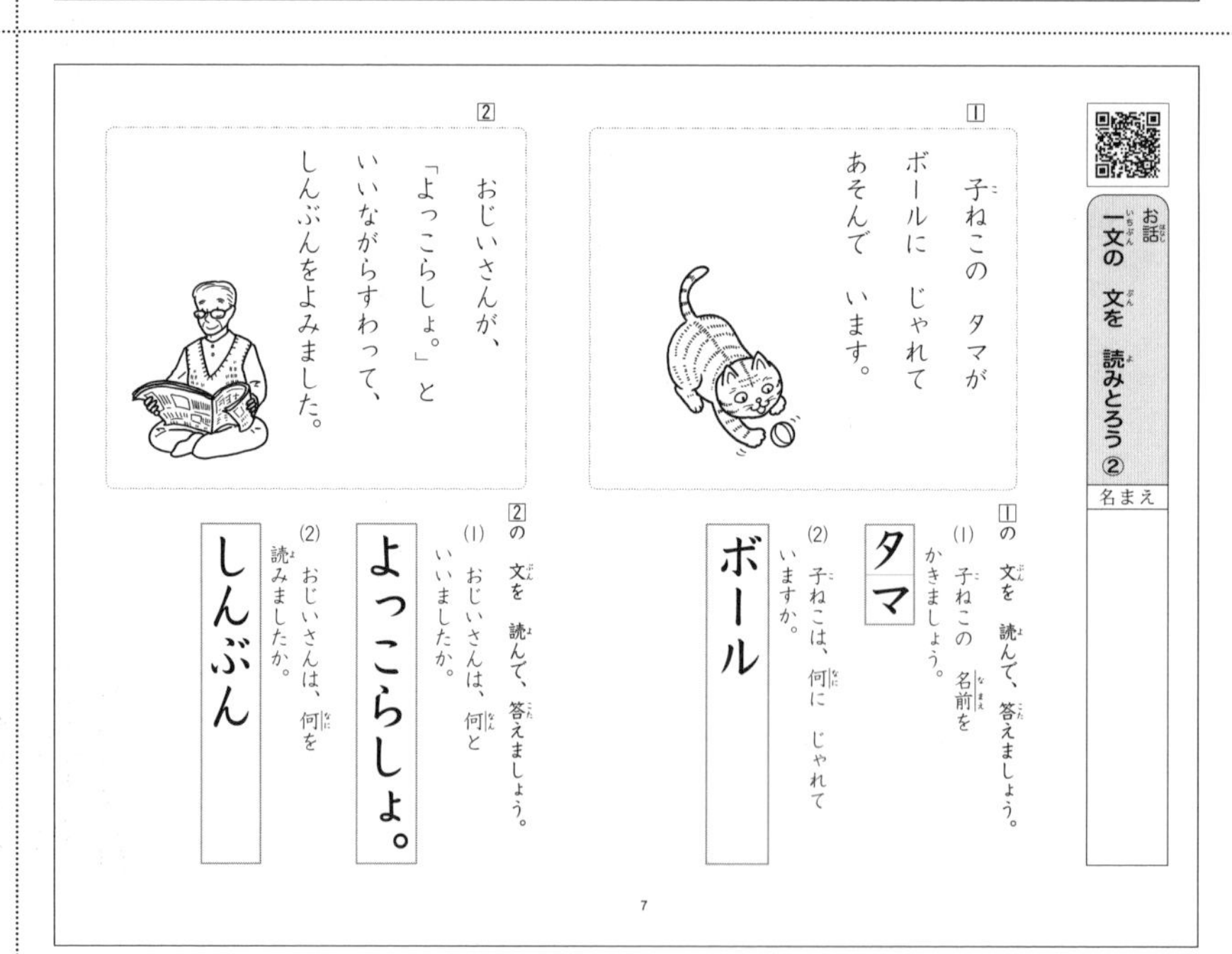

お話 一文の 文を 読みとろう ②

名まえ

1 子ねこの タマが ボールに じゃれて あそんで います。

2 おじいさんが、「よっこらしょ。」と いいながらすわって、しんぶんを よみました。

1の 文を 読んで、答えましょう。

(1) 子ねこの 名前を かきましょう。

タマ

(2) 子ねこは、何に じゃれて いますか。

ボール

2の 文を 読んで、答えましょう。

(1) おじいさんは、何と いいましたか。

よっこらしょ。

(2) おじいさんは、何を 読みましたか。

しんぶん

7

8頁

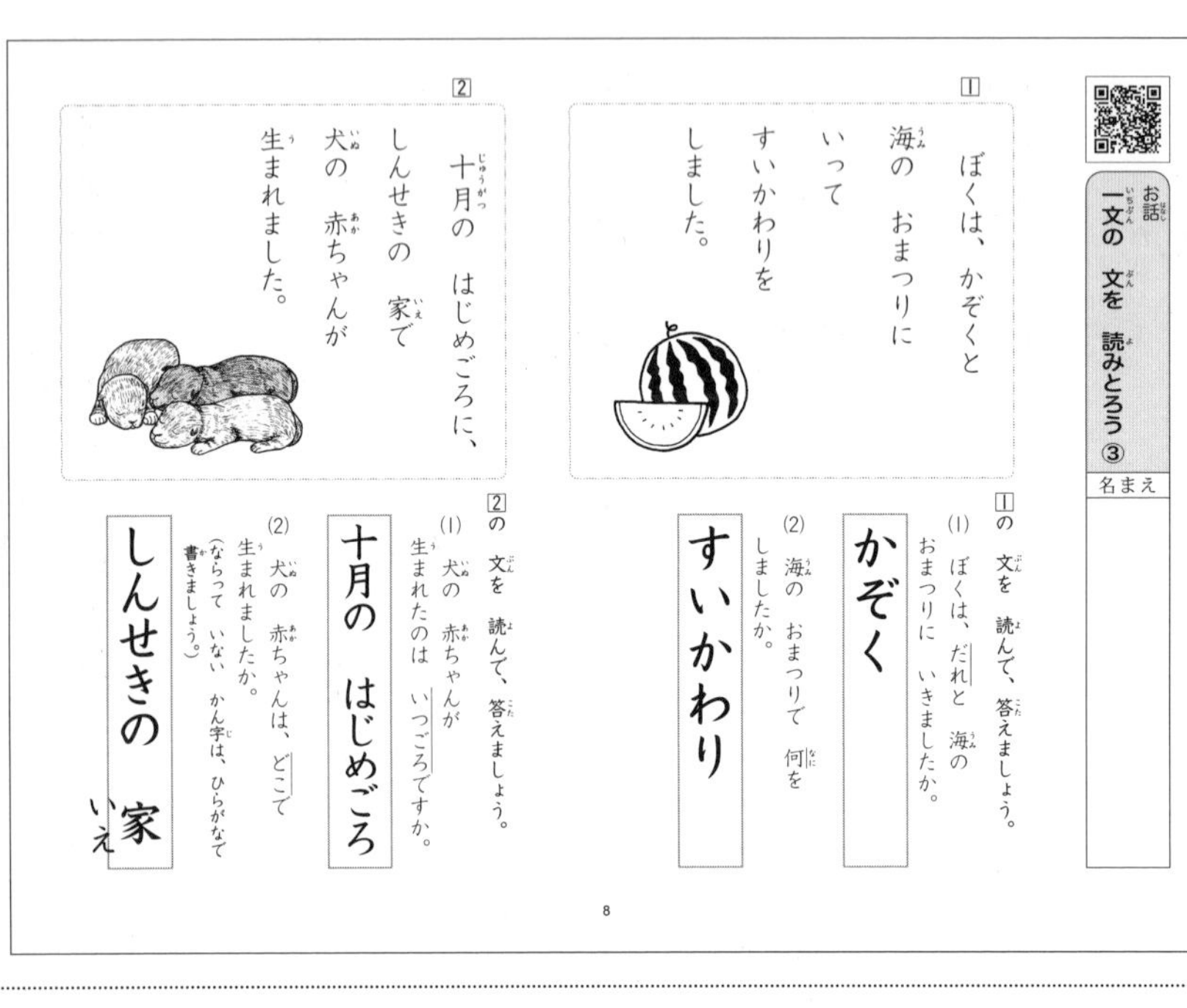

お話 一文の 文を 読みとろう ③

名まえ

1 ぼくは、かぞくと 海の おまつりに いって すいかわりを しました。

2 十月の はじめごろに、しんせきの 家で 犬の 赤ちゃんが 生まれました。

1の 文を 読んで、答えましょう。

(1) ぼくは、だれと 海の おまつりに いきましたか。

かぞく

(2) 海の おまつりで 何を しましたか。

すいかわり

2の 文を 読んで、答えましょう。

(1) 犬の 赤ちゃんが 生まれたのは いつごろですか。

十月の はじめごろ

(2) 犬の 赤ちゃんは、どこで 生まれましたか。（ならって いない かん字は、ひらがなで 書きましょう。）

しんせきの 家（いえ）

8

9頁

お話 一文の 文を 読みとろう ④

名まえ

1 この まえの 土よう日に、たろうくんは、公園の 草むらで、トノサマバッタを、見つけました。

2 五月の はじめに、カマキリの たまごから、たくさんの カマキリの 子どもが、生まれました。

1の 文を 読んで、答えましょう。

(1) ①いつ・②だれが・③どこで・④何を 見つけましたか。（ならって いない かん字は、ひらがなで 書きましょう。）

① いつ 見つけましたか。 この まえの （土よう日）

② だれが 見つけましたか。 たろうくん

③ どこで 見つけましたか。 公園（こうえん）の 草むら

④ 何を 見つけましたか。 トノサマバッタ

2の 文を 読んで、答えましょう。

(1) いつの ことですか。 （五月）の はじめ

(2) どこから 生まれましたか。 カマキリの （たまご）から

(3) 何が 生まれましたか。 カマキリの （子ども）

9

解答例

※ワークシートと解答例は、学習する児童の実態にあわせて拡大してお使いください。

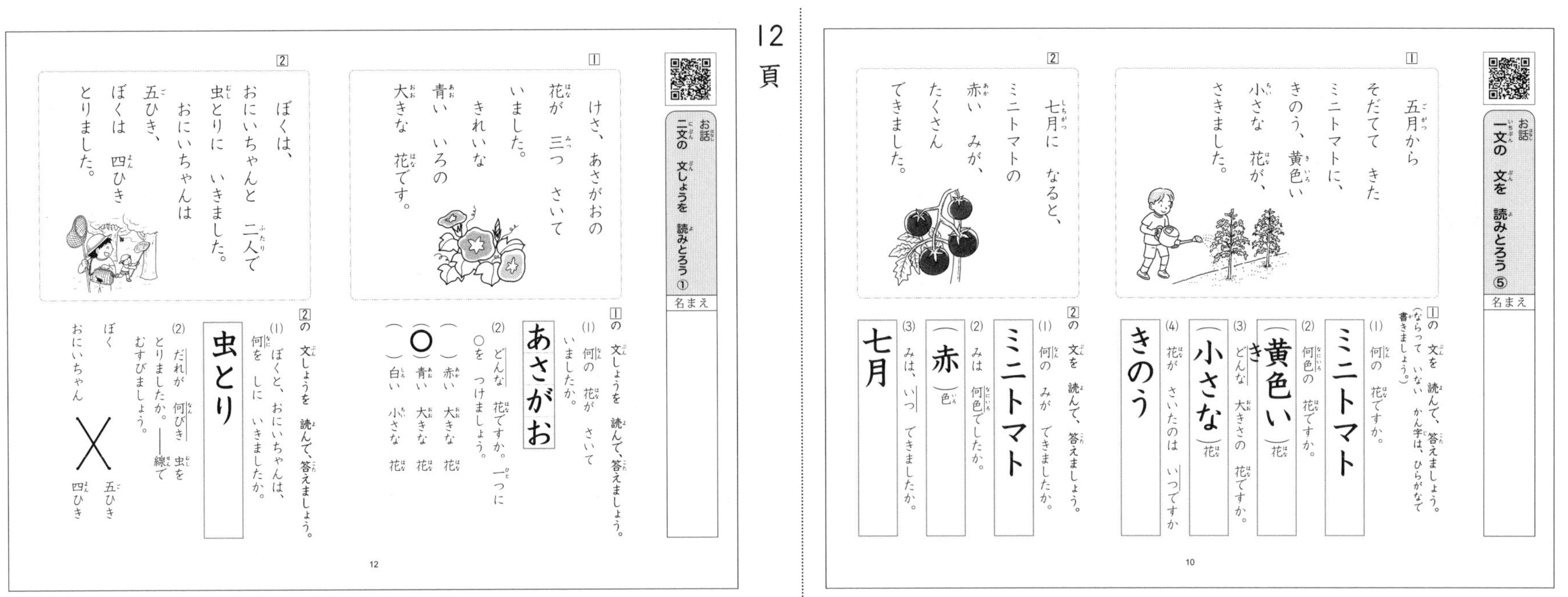

10頁

お話 一文の 文を 読みとろう ⑤

名まえ

1 五月から そだてて きた ミニトマトに、きのう、黄色い 小さな 花が、さきました。

2 七月に なると、ミニトマトの 赤い みが、たくさん できました。

1の 文を 読んで、答えましょう。（ならって いない かん字は、ひらがなで 書きましょう。）

(1) 何の 花ですか。 ミニトマト

(2) 何色の 花ですか。 （黄色い）花

(3) どんな 大きさの 花ですか。 （小さな）花

(4) 花が さいたのは いつですか。 きのう

2の 文を 読んで、答えましょう。

(1) 何の みが できましたか。 ミニトマト

(2) みは 何色でしたか。 （赤）色

(3) みは、いつ できましたか。 七月

10

12頁

お話 二文の 文しょうを 読みとろう ①

名まえ

1 けさ、あさがおの 花が 三つ さいて いました。きれいな 青い いろの 大きな 花です。

2 ぼくは、おにいちゃんと 二人で 虫とりに いきました。おにいちゃんは 五ひき、ぼくは 四ひき とりました。

1の 文しょうを 読んで、答えましょう。

(1) 何の 花が さいて いましたか。 あさがお

(2) どんな 花ですか。一つに ○を つけましょう。

（ ）赤い 大きな 花

（○）青い 大きな 花

（ ）白い 小さな 花

2の 文しょうを 読んで、答えましょう。

(1) ぼくと、おにいちゃんは、何を しに いきましたか。 虫とり

(2) だれが 何びき 虫を とりましたか。――線で むすびましょう。

ぼく　　　五ひき

おにいちゃん　　　四ひき

12

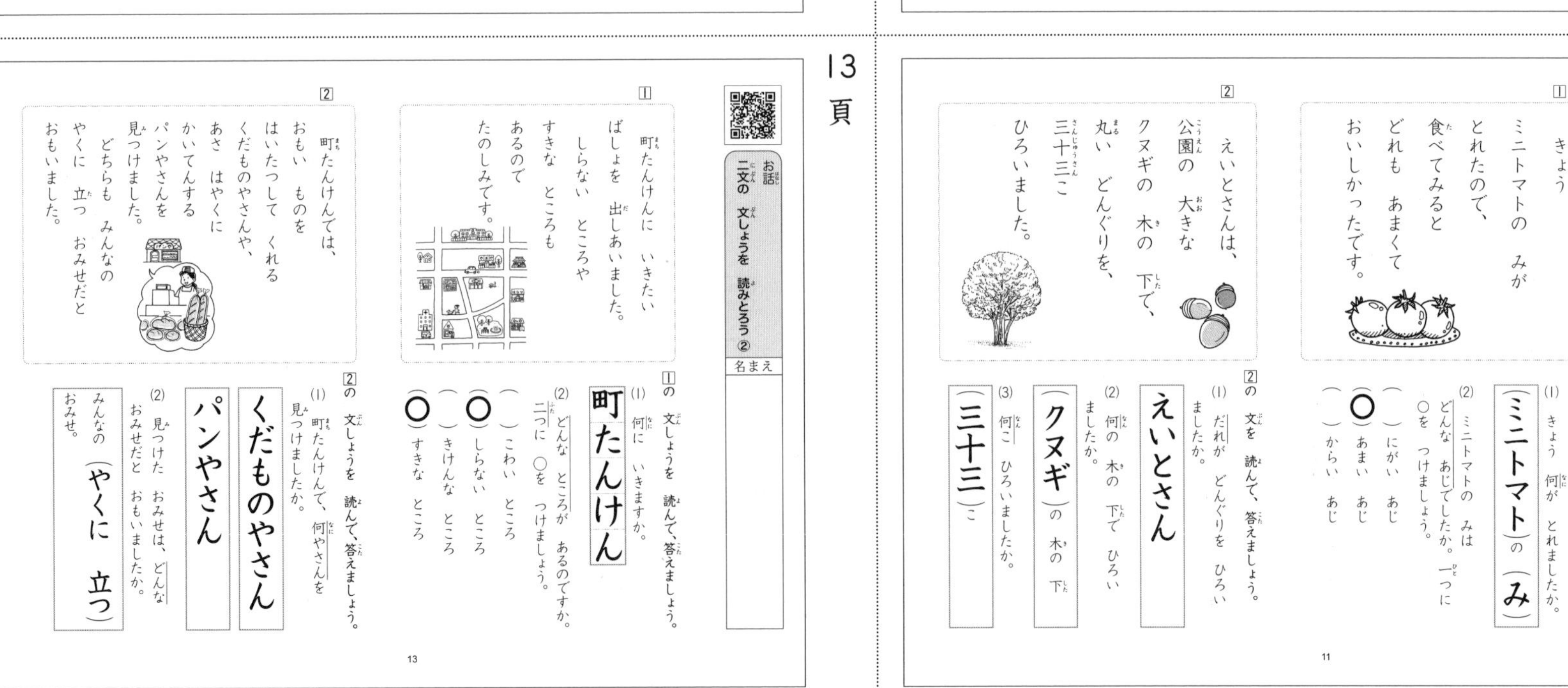

11頁

お話 一文の 文を 読みとろう ⑥

名まえ

1 きょう ミニトマトの みが とれたので、食べてみると どれも あまくて おいしかったです。

2 えいとさんは、公園の 大きな クヌギの 木の 下で、丸い どんぐりを、三十三こ ひろいました。

1の 文を 読んで、答えましょう。

(1) きょう 何が とれましたか。 （ミニトマト）の（み）

(2) ミニトマトの みは どんな あじでしたか。一つに ○を つけましょう。

（ ）にがい あじ

（○）あまい あじ

（ ）からい あじ

2の 文を 読んで、答えましょう。

(1) だれが どんぐりを ひろいましたか。 えいとさん

(2) 何の 木の 下で ひろいましたか。 （クヌギ）の 木の 下

(3) 何こ ひろいましたか。 （三十三）こ

11

13頁

お話 二文の 文しょうを 読みとろう ②

名まえ

1 町たんけんに いきたい ばしょを 出しあいました。しらない ところや すきな ところも あるので たのしみです。

2 町たんけんでは、おもい ものを はいたつして くれる くだものやさんや、あさ はやくに かいてんする パンやさんを 見つけました。どちらも みんなの やくに 立つ おみせだと おもいました。

1の 文しょうを 読んで、答えましょう。

(1) 何に いきますか。 町たんけん

(2) どんな ところが あるのですか。二つに ○を つけましょう。

（ ）こわい ところ

（○）しらない ところ

（ ）きけんな ところ

（○）すきな ところ

2の 文しょうを 読んで、答えましょう。

(1) 町たんけんで、何やさんを 見つけましたか。 くだものやさん　パンやさん

(2) 見つけた おみせは、どんな おみせだと おもいましたか。 みんなの（やくに 立つ）おみせ。

13

※児童に取り組ませる前に、必ず先生が問題を解いてください。本書の解答や指導にあたっては、あくまで１つの例です。児童の多様な考えに寄り添って、○つけをお願いします。

解答例

※ワークシートと解答例は、学習する児童の実態にあわせて拡大してお使いください。

14頁

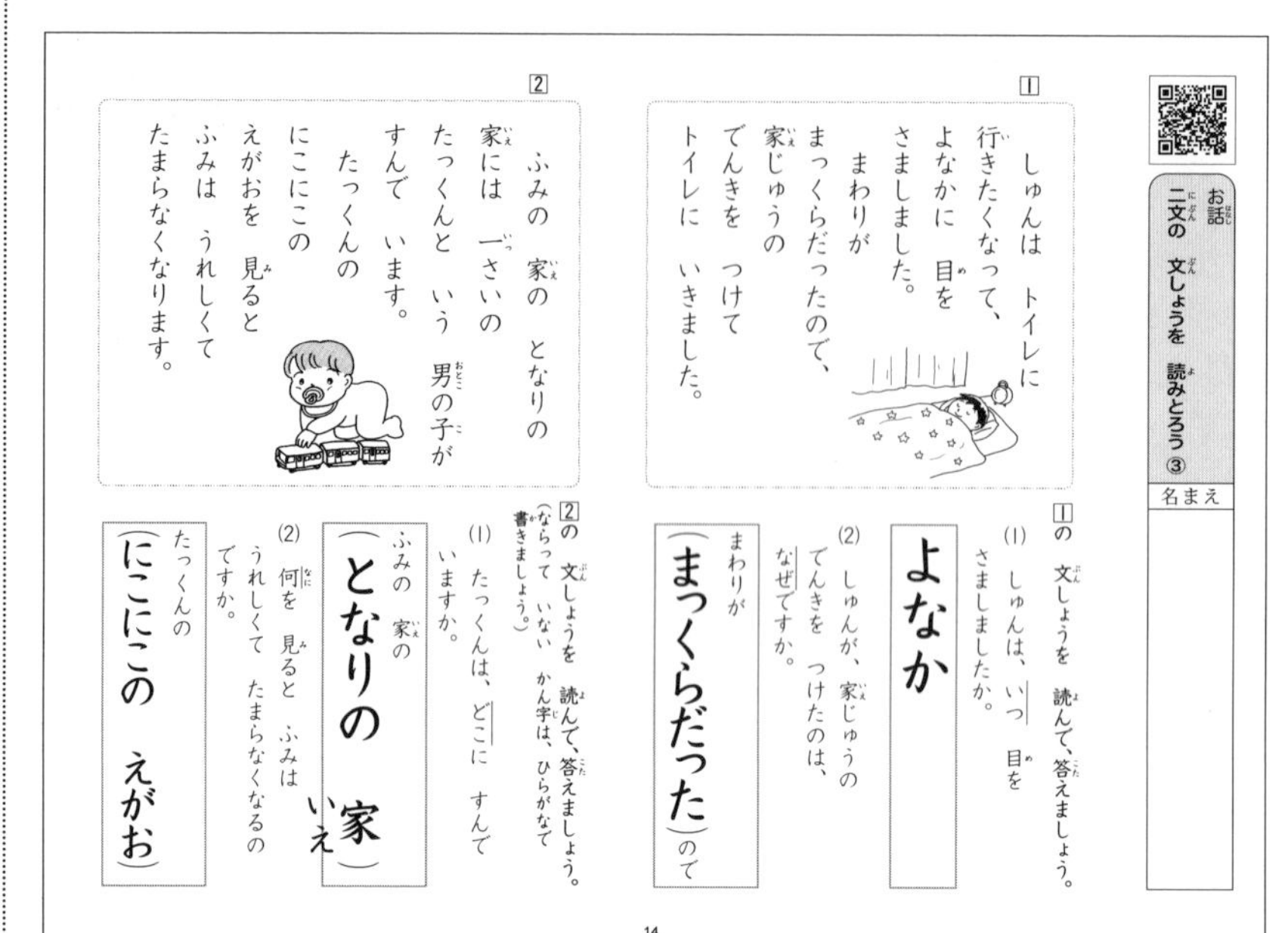

お話 二文の 文しょうを 読みとろう③

名まえ

1 しゅんは トイレに 行きたくなって、よなかに 目を さましました。まわりが まっくらだったので、家じゅうの でんきを つけて トイレに いきました。

2 ふみの 家の となりの 家には 一さいの たっくんと いう 男の子が すんで います。たっくんの にこにこの えがおを 見ると ふみは うれしくて たまらなくなります。

1の 文しょうを 読んで、答えましょう。

(1) しゅんは、いつ 目を さましましたか。

よなか

(2) しゅんが、家じゅうの でんきを つけたのは、なぜですか。

まわりが （まっくらだった）ので

2の 文しょうを 読んで、答えましょう。（ならって いない かん字は、ひらがなで 書きましょう。）

(1) たっくんは、どこに すんで いますか。

ふみの 家の （となりの 家）

(2) 何を 見ると ふみは うれしくて たまらなくなるのですか。

たっくんの （にこにこの えがお）

14

15頁

お話 二文の 文しょうを 読みとろう④

名まえ

1 「きょうは、みんなが よく がんばって べんきょうしたので しゅくだいは ありません。」と、先生が いいました。みんなは 「やったあ。」と、いって とても よろこびました。

2 かいは そうじの 中でも ぞうきんがけが いちばん すきです。ゆかを ふいた あとに、ぞうきんを あらった ときの、バケツの 水の よごれを 見ると、ゆかが きれいに なった ことが よく わかるからです。

1の 文しょうを 読んで、答えましょう。

(1) きょうは、どうして しゅくだいが ないことに なったのですか。

みんなが （よく がんばって べんきょうした）ので

(2) みんなは、何と いって よろこびましたか。

やったあ。

2の 文しょうを 読んで、答えましょう。

(1) かいが そうじの 中でも いちばん すきなのは、何ですか。

ぞうきんがけ

(2) 何を 見ると ゆかが きれいに なった ことが よく わかるのですか。

ぞうきんを あらった ときの、（バケツの 水の よごれ）

15

16頁

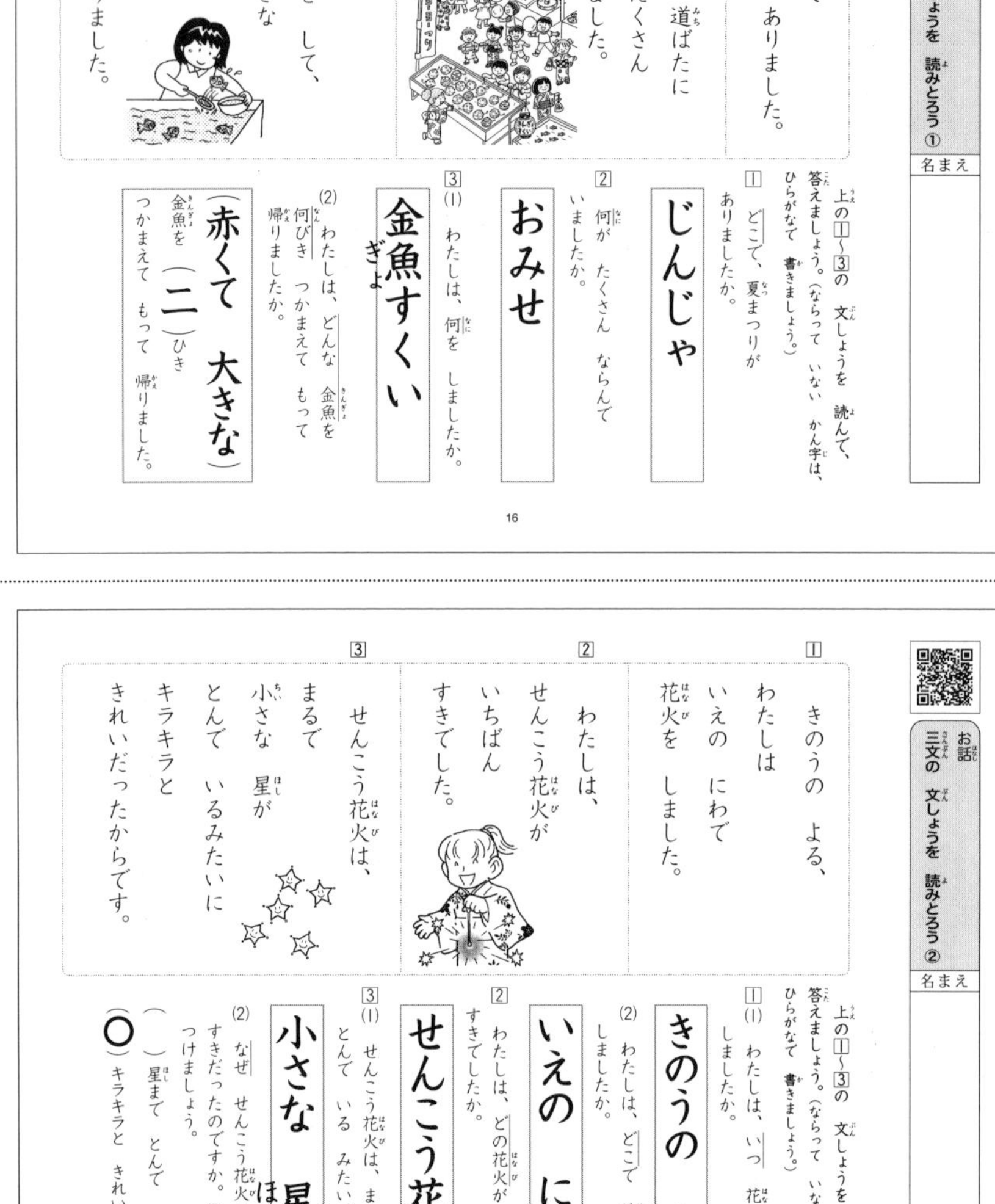

お話 三文の 文しょうを 読みとろう①

名まえ

1 じんじゃで 夏まつりが ありました。

2 おみせが 道ばたに ずらっと たくさん ならんでいました。

3 わたしは、金魚すくいを して、赤くて 大きな 金魚を 二ひき つかまえて もって 帰りました。

上の1～3の 文しょうを 読んで、答えましょう。（ならって いない かん字は、ひらがなで 書きましょう。）

1 どこで、夏まつりが ありましたか。

じんじゃ

2 何が たくさん ならんで いましたか。

おみせ

3 (1) わたしは、何を しましたか。

金魚すくい

(2) わたしは、どんな 金魚を 何びき つかまえて もって 帰りましたか。

（赤くて 大きな） 金魚を （二）ひき つかまえて もって 帰りました。

16

17頁

お話 三文の 文しょうを 読みとろう②

名まえ

1 きのうの よる、わたしは いえの にわで 花火を しました。

2 わたしは、せんこう花火が いちばん すきでした。

3 せんこう花火は、まるで 小さな 星が とんで いるみたいに キラキラと きれいだったからです。

上の1～3の 文しょうを 読んで、答えましょう。（ならって いない かん字は、ひらがなで 書きましょう。）

1 (1) わたしは、いつ 花火を しましたか。

きのうの よる

(2) わたしは、どこで 花火を しましたか。

いえの にわ

2 わたしは、どの花火が いちばん すきでしたか。

せんこう花火

3 (1) せんこう花火は、まるで 何が とんで いる みたいでしたか。

小さな 星

(2) なぜ せんこう花火が すきだったのですか。○を つけましょう。

（ ）星まで とんで いったから。

（○）キラキラと きれいだったから。

17

※児童に取り組ませる前に、必ず先生が問題を解いてください。本書の解答や指導にあたっては、あくまで１つの例です。児童の多様な考えに寄り添って、〇つけをお願いします。

解答例

※ワークシートと解答例は、学習する児童の実態にあわせて拡大してお使いください。

18頁

20頁

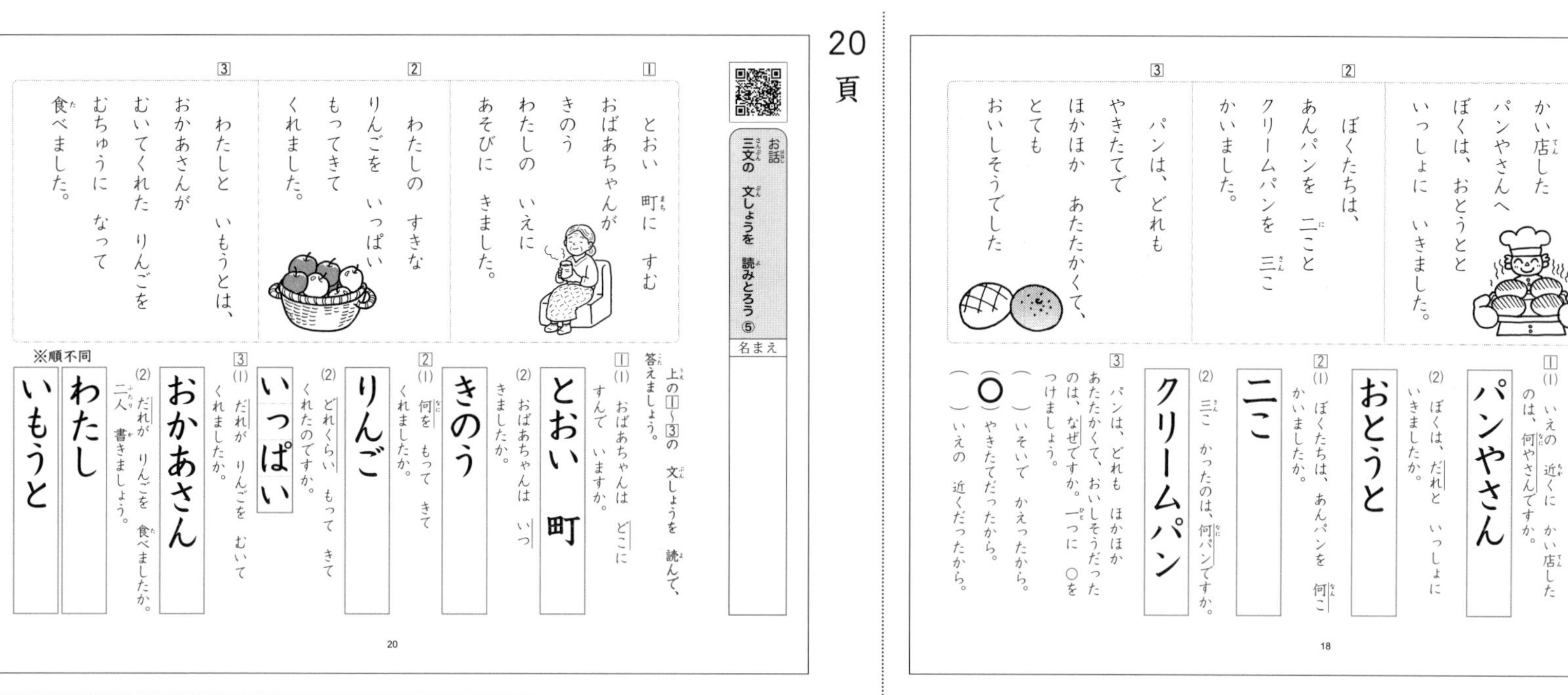

お話　三文の　文しょうを　読みとろう③

名まえ

1　いえの　近くに　かい店した　パンやさんへ　ぼくは、おとうとと　いっしょに　いきました。

2　ぼくたちは、あんパンを　二こと　クリームパンを　三こ　かいました。

3　パンは、どれも　やきたてで　ほかほか　あたたかくて、とても　おいしそうでした

上の1～3の　文しょうを　読んで、答えましょう。

1 (1)　いえの　近くに　かい店した　のは、何やさんですか。

パンやさん

(2)　ぼくは、だれと　いっしょに　いきましたか。

おとうと

2 (1)　ぼくたちは、あんパンを　何こ　かいましたか。

二こ

(2)　三こ　かったのは、何パンですか。

クリームパン

3　パンは、どれも　ほかほか　あたたかくて、おいしそうだった　のは、なぜですか。一つに　〇を　つけましょう。

（　）いそいで　かえったから。

（〇）やきたてだったから。

（　）いえの　近くだったから。

18

お話　三文の　文しょうを　読みとろう⑤

名まえ

1　とおい　町に　すむ　おばあちゃんが　きのう　わたしの　いえに　あそびに　きました。

2　わたしの　すきな　りんごを　いっぱい　もってきて　くれました。

3　わたしと　いもうとは、おかあさんが　むいてくれた　りんごを　むちゅうに　なって　食べました。

上の1～3の　文しょうを　読んで、答えましょう。

1 (1)　おばあちゃんは　どこに　すんで　いますか。

とおい　町

(2)　おばあちゃんは　いつ　きましたか。

きのう

2 (1)　何を　もって　きて　くれましたか。

りんご

(2)　どれくらい　もって　きて　くれたのですか。

いっぱい

3 (1)　だれが　りんごを　むいて　くれましたか。

おかあさん

(2)　だれが　りんごを　食べましたか。二人　書きましょう。

※順不同

わたし

いもうと

20

19頁

21頁

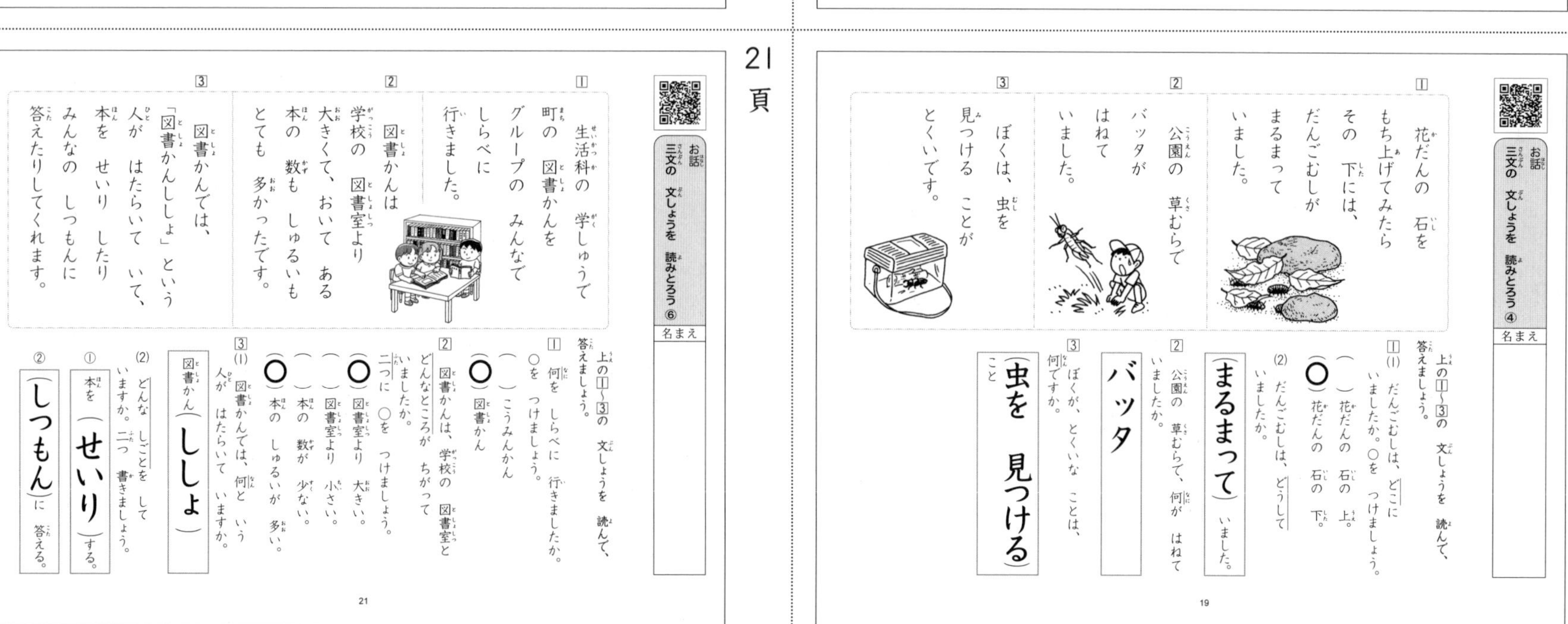

お話　三文の　文しょうを　読みとろう④

名まえ

1　花だんの　石を　もち上げてみたら　その　下には、だんごむしが　まるまって　いました。

2　公園の　草むらで　バッタが　はねて　いました。

3　ぼくは、虫を　見つける　ことが　とくいです。

上の1～3の　文しょうを　読んで、答えましょう。

1 (1)　だんごむしは、どこに　いましたか。〇を　つけましょう。

（　）花だんの　石の　上。

（〇）花だんの　石の　下。

(2)　だんごむしは、どうして　いましたか。

（まるまって）いました。

2　公園の　草むらで、何が　はねて　いましたか。

バッタ

3　ぼくが、とくいな　ことは、何ですか。

（虫を　見つける）こと

19

お話　三文の　文しょうを　読みとろう⑥

名まえ

1　生活科の　学しゅうで　町の　図書かんを　グループの　みんなで　しらべに　行きました。

2　図書かんは　学校の　図書室より　大きくて、おいて　ある　本の　数も　しゅるいも　とても　多かったです。

3　図書かんでは、「図書かんししょ」という　人が　はたらいて　いて、本を　せいり　したり　みんなの　しつもんに　答えたりしてくれます。

上の1～3の　文しょうを　読んで、答えましょう。

1　何を　しらべに　行きましたか。〇を　つけましょう。

（　）こうみんかん

（〇）図書かん

2　図書かんは、学校の　図書室と　どんなところが　ちがって　いましたか。二つに　〇を　つけましょう。

（〇）図書室より　大きい。

（　）図書室より　小さい。

（　）本の　数が　少ない。

（〇）本の　しゅるいが　多い。

3 (1)　図書かんでは、何と　いう　人が　はたらいて　いますか。

図書かん（ししょ）

(2)　どんな　しごとを　して　いますか。二つ　書きましょう。

①　本を（せいり）する。

②（しつもん）に　答える。

21

※児童に取り組ませる前に、必ず先生が問題を解いてください。本書の解答や指導にあたっては、あくまで１つの例です。児童の多様な考えに寄り添って、○つけをお願いします。

解答例

※ワークシートと解答例は、学習する児童の実態にあわせて拡大してお使いください。

22
頁

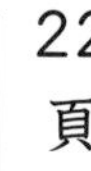

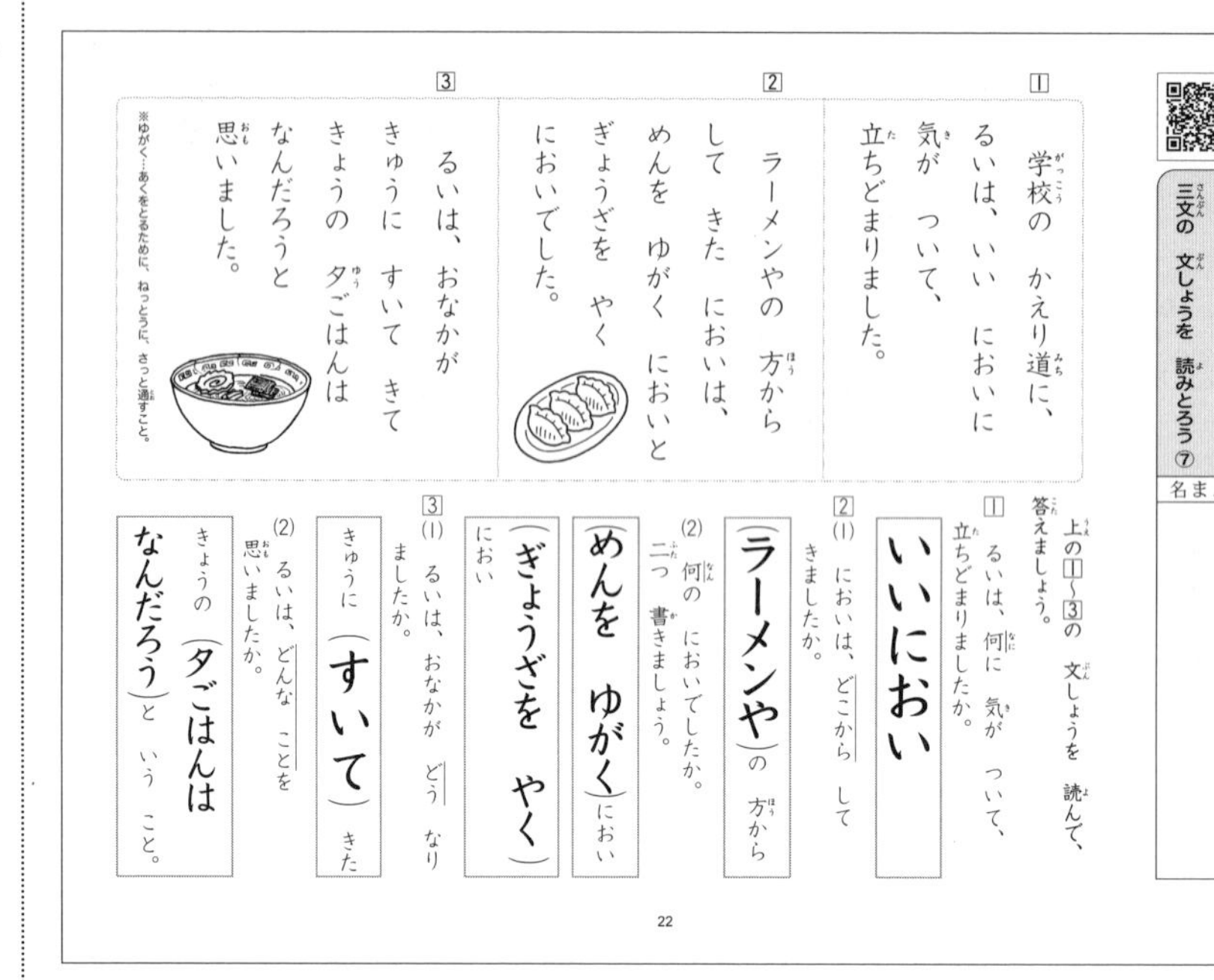

お話　三文の　文しょうを　読みとろう　⑦　名まえ

1 学校の　かえり道に、るいは、いい　においに　気が　ついて、立ちどまりました。

2 ラーメンやの　方から　して　きた　においは、めんを　ゆがく　においと　ぎょうざを　やく　においでした。

3 るいは、おなかが　きゅうに　すいて　きて　きょうの　夕ごはんは　なんだろうと　思いました。

※ゆがく…あくをとるために、ねっとうに、さっと通すこと。

上の1～3の　文しょうを　読んで、答えましょう。

1 るいは、何に　気が　ついて、立ちどまりましたか。
いいにおい

2 (1) においは、どこから　して　きましたか。
（ラーメンや）の　方から

(2) 何の　においでしたか。二つ　書きましょう。
（めんを　ゆがく）におい
（ぎょうざを　やく）におい

3 (1) るいは、おなかが　どう　なりましたか。
きゅうに（すいて）きた

(2) るいは、どんな　ことを　思いましたか。
きょうの（夕ごはんは　なんだろう）と　いう　こと。

22

23
頁

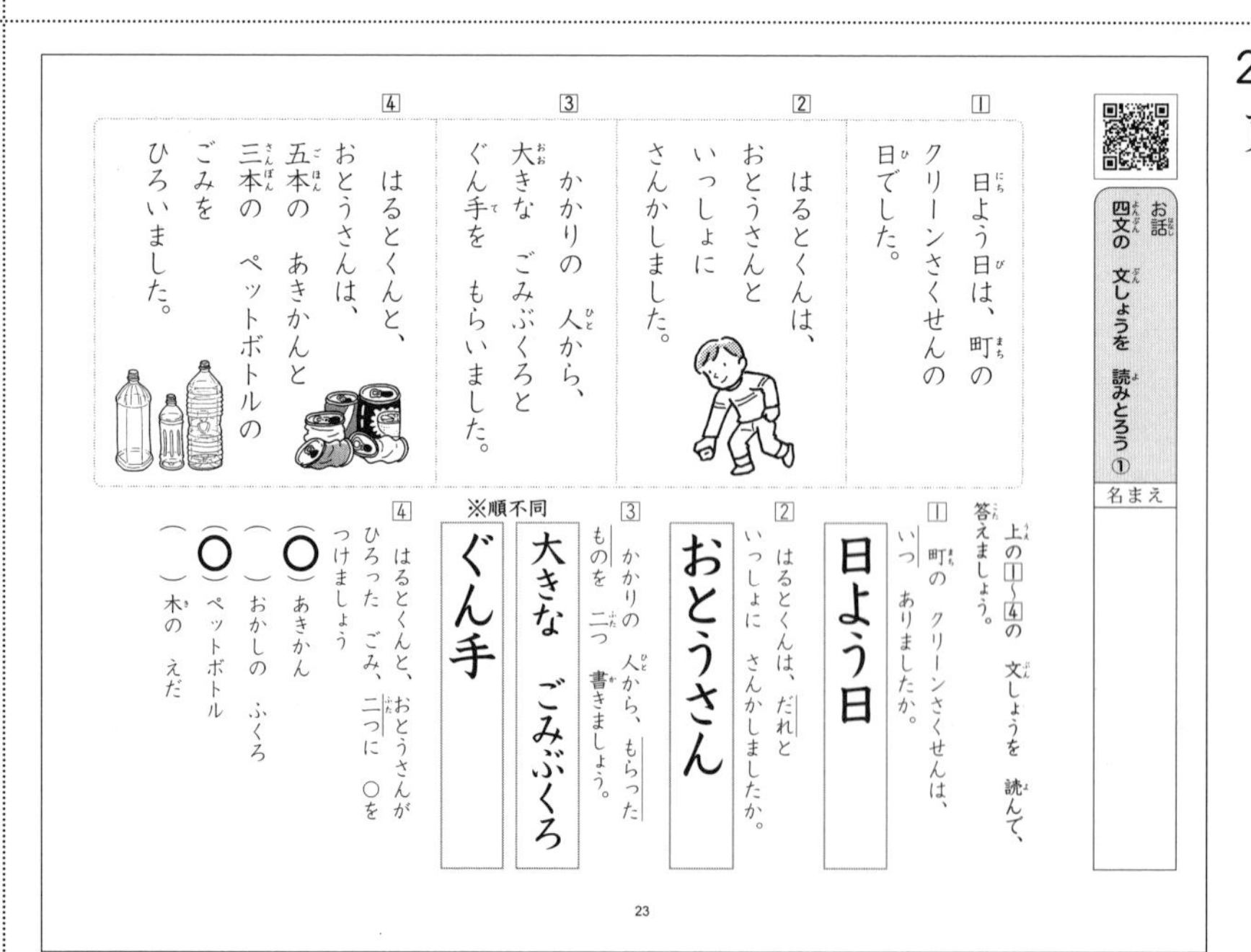

お話　四文の　文しょうを　読みとろう　①　名まえ

1 日よう日は、町の　クリーンさくせんの　日でした。

2 はるとくんは、おとうさんと　いっしょに　さんかしました。

3 かかりの　人から、大きな　ごみぶくろと　ぐん手を　もらいました。

4 はるとくんと、おとうさんは、五本の　あきかんと　三本の　ペットボトルの　ごみを　ひろいました。

上の1～4の　文しょうを　読んで、答えましょう。

1 町の　クリーンさくせんは、いつ　ありましたか。
日よう日

2 はるとくんは、だれと　いっしょに　さんかしましたか。
おとうさん

3 かかりの　人から、もらった　ものを　二つ　書きましょう。
※順不同
大きな　ごみぶくろ
ぐん手

4 はるとくんと、おとうさんが　ひろった　ごみ、二つに　○を　つけましょう。
（○）あきかん
（　）おかしの　ふくろ
（○）ペットボトル
（　）木の　えだ

23

24
頁

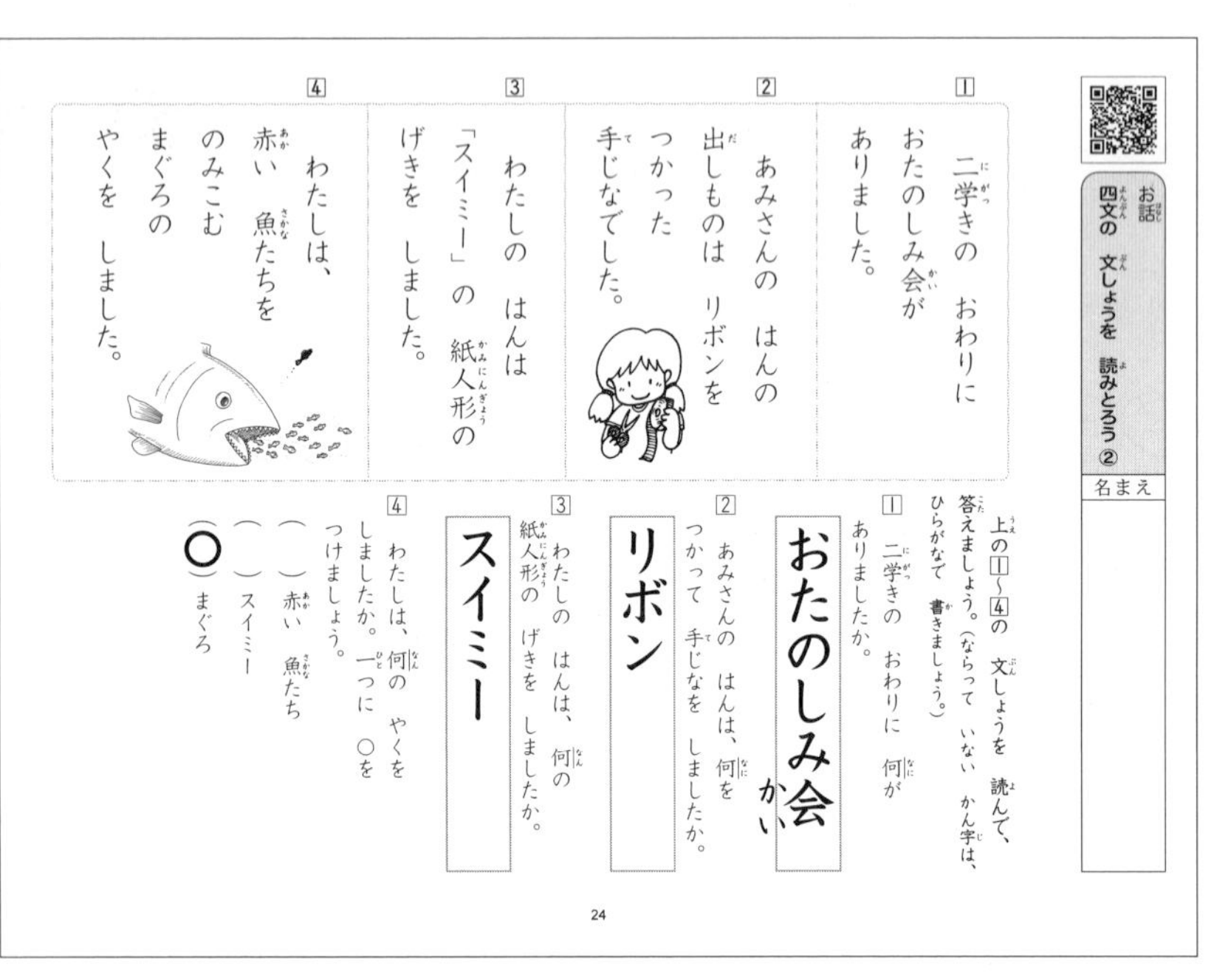

お話　四文の　文しょうを　読みとろう　②　名まえ

1 二学きの　おわりに　おたのしみ会が　ありました。

2 あみさんの　はんの　出しものは　リボンを　つかった　手じなでした。

3 わたしの　はんは　「スイミー」の　紙人形の　げきを　しました。

4 わたしは、赤い　魚たちを　のみこむ　まぐろの　やくを　しました。

上の1～4の　文しょうを　読んで、答えましょう。（ならって　いない　かん字は、ひらがなで　書きましょう。）

1 二学きの　おわりに　何が　ありましたか。
おたのしみ会（かい）

2 あみさんの　はんは、何を　つかって　手じなを　しましたか。
リボン

3 わたしの　はんは、何の　紙人形の　げきを　しましたか。
スイミー

4 わたしは、何の　やくを　しましたか。一つに　○を　つけましょう。
（　）赤い　魚たち
（　）スイミー
（○）まぐろ

24

25
頁

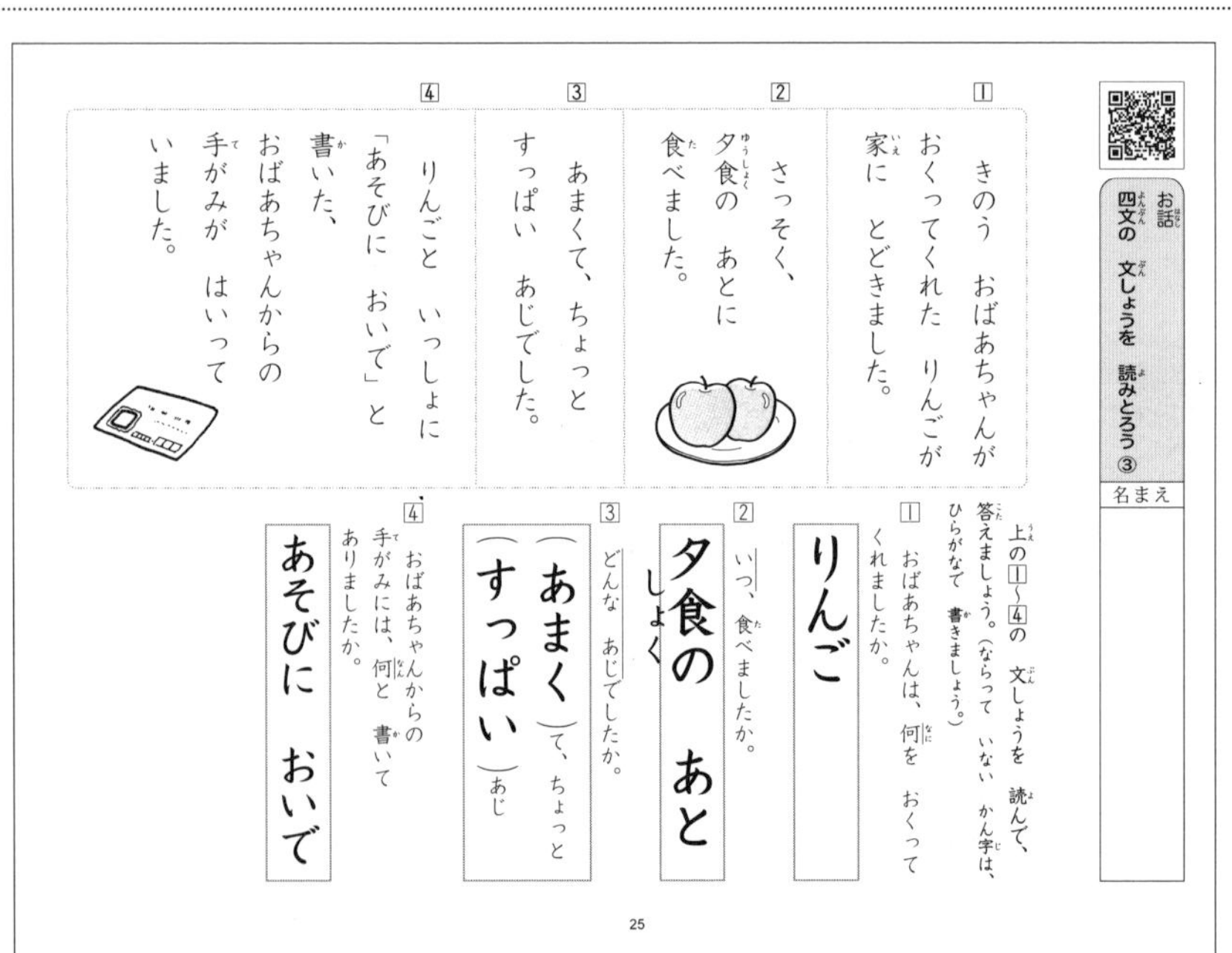

お話　四文の　文しょうを　読みとろう　③　名まえ

1 きのう　おばあちゃんが　おくってくれた　りんごが　家に　とどきました。

2 さっそく、夕食の　あとに　食べました。

3 あまくて、ちょっと　すっぱい　あじでした。

4 りんごと　いっしょに　「あそびに　おいで」と　書いた、おばあちゃんからの　手がみが　はいって　いました。

上の1～4の　文しょうを　読んで、答えましょう。（ならって　いない　かん字は、ひらがなで　書きましょう。）

1 おばあちゃんは、何を　おくって　くれましたか。
りんご

2 いつ、食べましたか。
夕食の　あと（しょく）

3 どんな　あじでしたか。
（あまく）て、ちょっと（すっぱい）あじ

4 おばあちゃんからの　手がみには、何と　書いて　ありましたか。
あそびに　おいで

25

※児童に取り組ませる前に、必ず先生が問題を解いてください。本書の解答や指導にあたっては、あくまで１つの例です。児童の多様な考えに寄り添って、○つけをお願いします。

解答例

※ワークシートと解答例は、学習する児童の実態にあわせて拡大してお使いください。

26頁

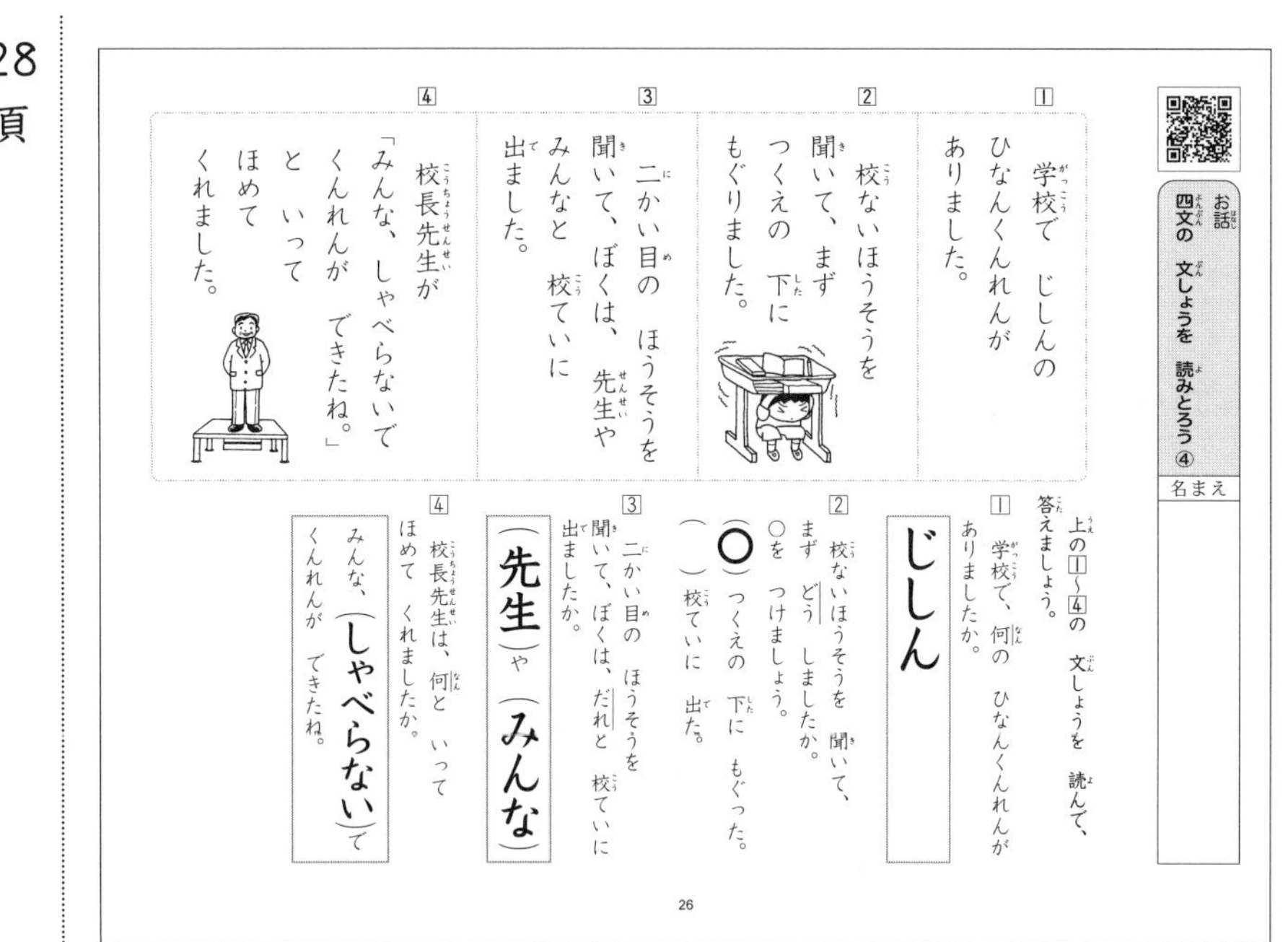

お話 四文の 文しょうを 読みとろう ④ 名まえ

1 学校で じしんの ひなんくんれんが ありました。

2 校ないほうそうを 聞いて、まず つくえの 下に もぐりました。

3 二かい目の ほうそうを 聞いて、ぼくは、先生や みんなと 校ていに 出ました。

4 校長先生が 「みんな、しゃべらないで くんれんが できたね。」と いって ほめて くれました。

上の1～4の 文しょうを 読んで、答えましょう。

1 学校で、何の ひなんくんれんが ありましたか。
じしん

2 校ないほうそうを 聞いて、まず どう しましたか。○を つけましょう。
（○）つくえの 下に もぐった。
（　）校ていに 出た。

3 二かい目の ほうそうを 聞いて、ぼくは、だれと 校ていに 出ましたか。
（先生）や（みんな）

4 校長先生は、何と いって ほめて くれましたか。
みんな、（しゃべらない）で くんれんが できたね。

26

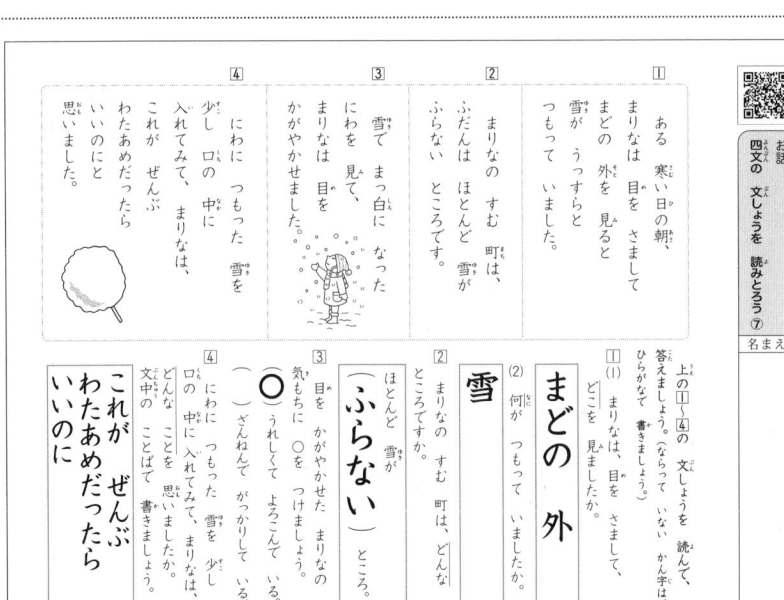

27頁

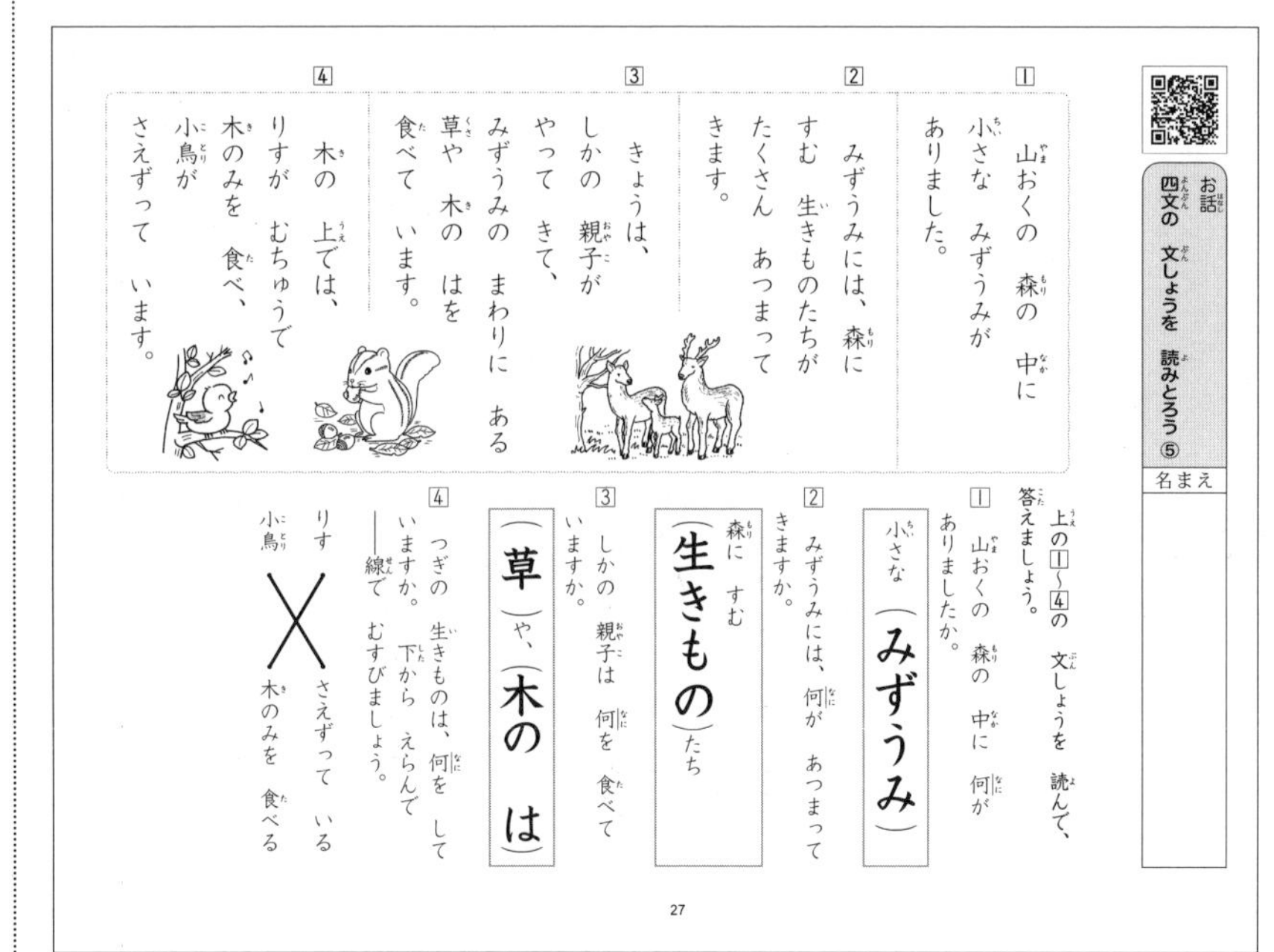

お話 四文の 文しょうを 読みとろう ⑤ 名まえ

1 山おくの 森の 中に 小さな みずうみが ありました。

2 みずうみには、森に すむ 生きものたちが たくさん あつまって きます。

3 きょうは、しかの 親子が やって きて、みずうみの まわりに ある 草や 木の はを 食べて います。

4 木の 上では、りすが むちゅうで 木のみを 食べ、小鳥が さえずって います。

上の1～4の 文しょうを 読んで、答えましょう。

1 山おくの 森の 中に 何が ありましたか。
小さな（みずうみ）

2 みずうみには、何が あつまって きますか。
森に すむ（生きもの）たち

3 しかの 親子は 何を 食べて いますか。
（草）や、（木の は）

4 つぎの 生きものは、何を して いますか。下から えらんで ——線で むすびましょう。
りす・　・さえずって いる
小鳥・　・木のみを 食べる

27

28頁

お話 四文の 文しょうを 読みとろう ⑥ 名まえ

1 町たんけんで 学校の ちかくに やおやさんを 見つけました。

2 やおやさんなのに おみせでは、つけものや おかし、日ようひんなども うって います。

3 みせの 人に きくと やさいだけでは もうからないので ほかの しなものも うって いる そうです。

4 お店の人も いろいろ くふうして いるのだなと おもいました。

上の1～4の 文しょうを 読んで、答えましょう。

1 どんな おみせを 見つけましたか。
やおや

2 やさいの ほかに どんな ものを うって いますか。三つ 書きましょう。
※順不同
つけもの
おかし
日ようひん

3 なぜ ほかの しなものも うって いるのですか。○を つけましょう。
（　）ほかの しなものも うるように きめられて いるから。
（○）やさいだけでは もうからないから。

4 あくふうとは、どんな ことですか。3の 文しょうの ことばを つかって 書きましょう。
（やさい）だけでなく、ほかの（しなもの）も うること。

28

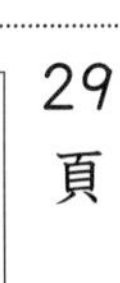

29頁

お話 四文の 文しょうを 読みとろう ⑦ 名まえ

1 ある 寒い日の朝、まりなは 目を さまして まどの 外を 見ると 雪が うっすらと つもって いました。

2 まりなの すむ 町は、ふだんは ほとんど 雪が ふらない ところです。

3 雪で まっ白に なった にわを 見て、まりなは 目を かがやかせました。

4 にわに つもった 雪を 少し 口の 中に 入れてみて、まりなは、これが ぜんぶ わたあめだったら いいのにと 思いました。

上の1～4の 文しょうを 読んで、答えましょう。（ならって いない かん字は、ひらがなで 書きましょう。）

1 (1) まりなは、目を さまして、どこを 見ましたか。
まどの 外
(2) 何が つもって いましたか。
雪

2 まりなの すむ 町は、どんな ところですか。
ほとんど 雪が（ふらない）ところ。

3 目を かがやかせた まりなの 気もちに ○を つけましょう。
（○）うれしくて よろこんで いる。
（　）ざんねんで がっかりして いる。

4 にわに つもった 雪を 少し 口の 中に 入れた まりなは、どんな ことを 思いましたか。文中の ことばで 書きましょう。
これが ぜんぶ わたあめだったら いいのに

29

解答例

※ワークシートと解答例は、学習する児童の実態にあわせて拡大してお使いください。

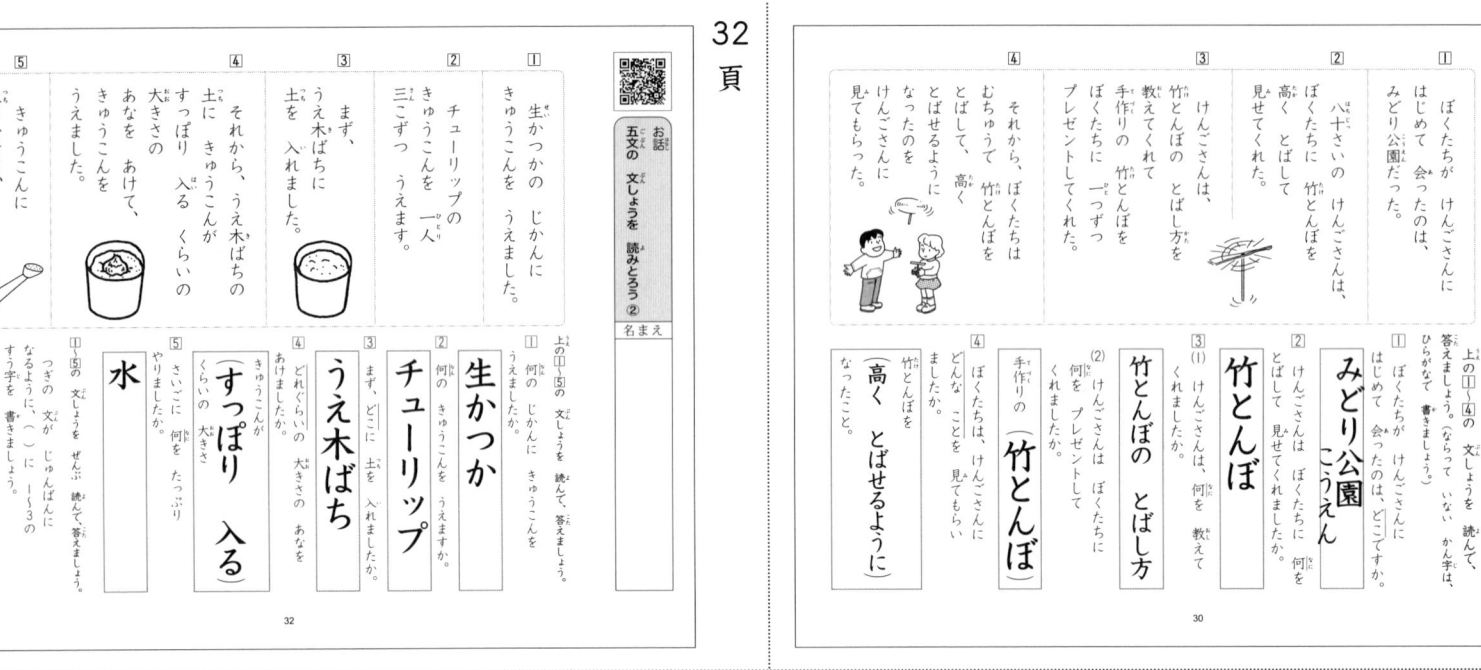

30頁

お話　四文の　文しょうを　読みとろう　⑧

名まえ

1 ぼくたちが　けんごさんに　はじめて　会ったのは、みどり公園だった。

2 八十さいの　けんごさんは、ぼくたちに　竹とんぼを　高く　とばして　見せてくれた。

3 けんごさんは、竹とんぼの　とばし方を　教えてくれて　手作りの　竹とんぼを　ぼくたちに　一つずつ　プレゼントしてくれた。

4 それから、ぼくたちは　むちゅうで　竹とんぼを　とばして、高く　とばせるように　なったのを　けんごさんに　見てもらった。

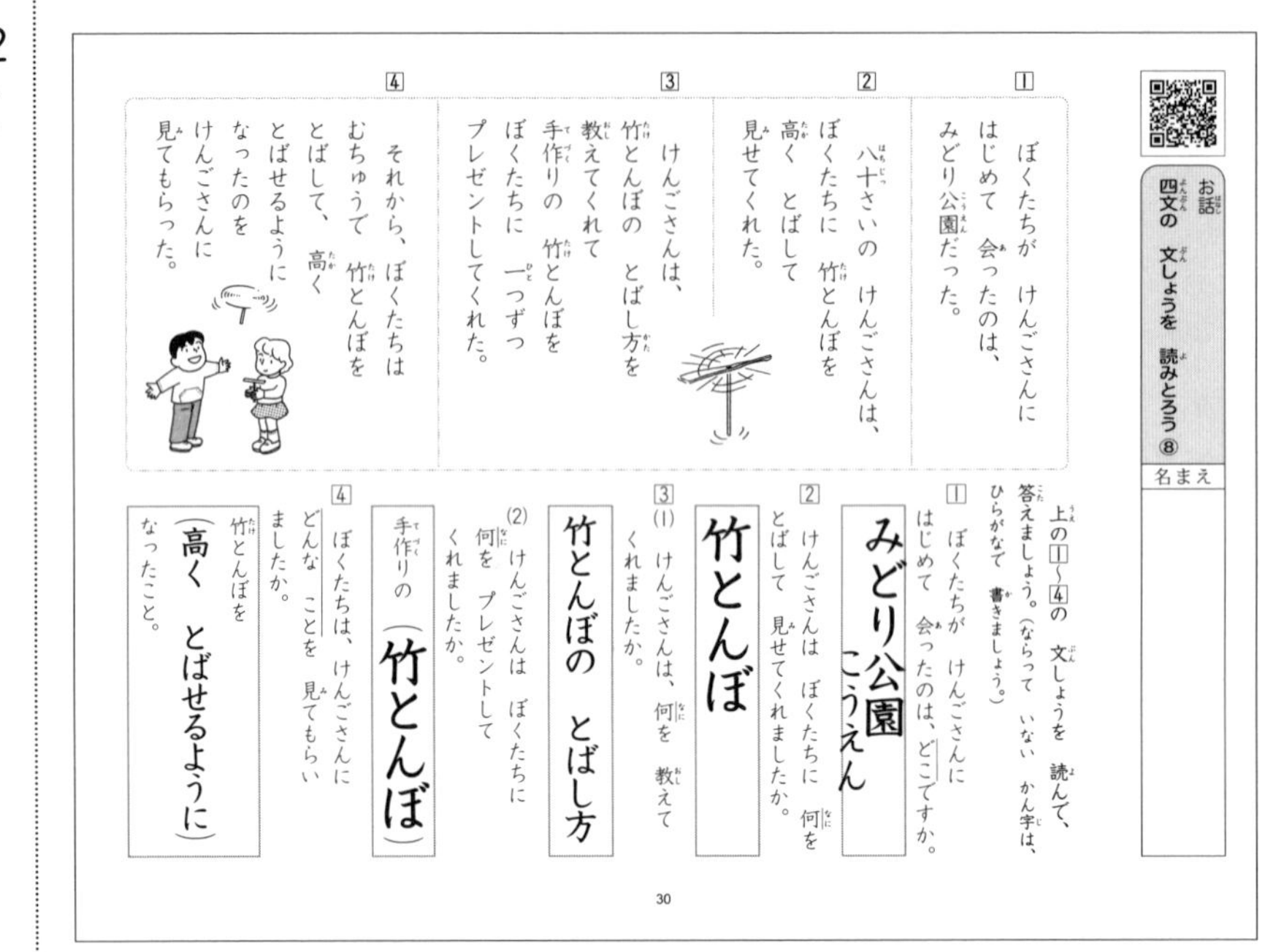

上の1〜4の　文しょうを　読んで、答えましょう。（ならって　いない　かん字は、ひらがなで　書きましょう。）

1 ぼくたちが　けんごさんに　はじめて　会ったのは、どこですか。

みどり公園（こうえん）

2 けんごさんは　ぼくたちに　何を　とばして　見せてくれましたか。

竹とんぼ

3 (1) けんごさんは、何を　教えて　くれましたか。

竹とんぼの　とばし方

(2) けんごさんは　ぼくたちに　何を　プレゼントして　くれましたか。

手作りの（竹とんぼ）

4 ぼくたちは、けんごさんに　どんな　ことを　見てもらいましたか。

竹とんぼを（高く　とばせるように）なったこと。

31頁

お話　五文の　文しょうを　読みとろう　①

名まえ

1 水よう日に、グループで　町たんけんに　出かけました。

2 学校の　よこの　花だんに　あじさいの　花が　さいて　いるのを　見つけました。

3 公園に　新しい　ベンチが　あって　赤ちゃんを　つれた　お母さんが　すわって　いました。

4 にくやさんで　コロッケを　かうために　おきゃくさんが　ならんで　いました。

5 たんけんカードに　メモを　して　帰りました。

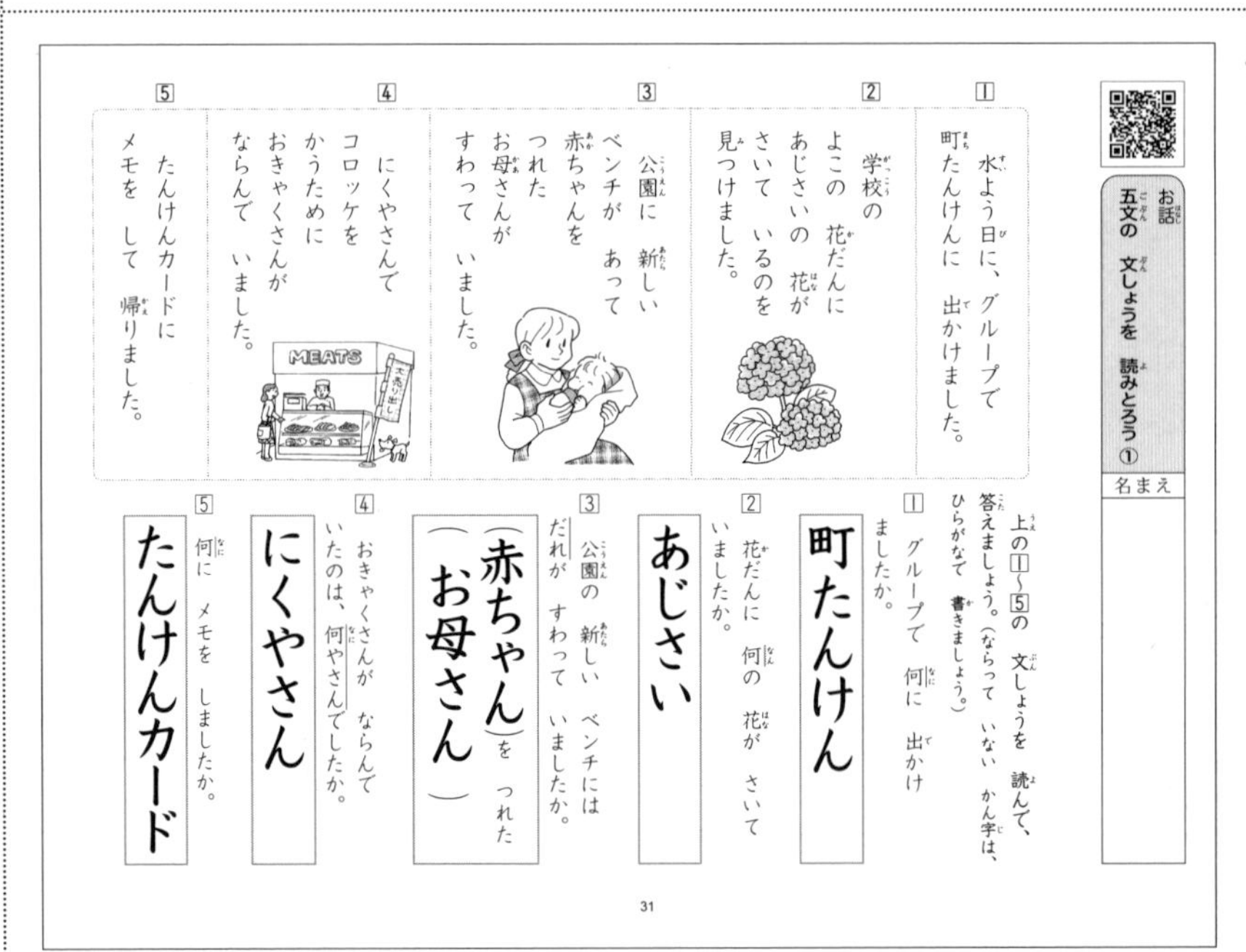

上の1〜5の　文しょうを　読んで、答えましょう。（ならって　いない　かん字は、ひらがなで　書きましょう。）

1 グループで　何に　出かけましたか。

町たんけん

2 花だんに　何の　花が　さいて　いましたか。

あじさい

3 公園の　新しい　ベンチには　だれが　すわって　いましたか。

（赤ちゃん）を　つれた（お母さん）

4 おきゃくさんが　ならんで　いたのは、何やさんでしたか。

にくやさん

5 何に　メモを　しましたか。

たんけんカード

32頁

お話　五文の　文しょうを　読みとろう　②

名まえ

1 生かつかの　じかんに　きゅうこんを　うえました。

2 チューリップの　きゅうこんを　一人　三こずつ　うえます。

3 まず、うえ木ばちに　土を　入れました。

4 それから、うえ木ばちの　土に　きゅうこんが　すっぽり　入る　くらいの　大きさの　あなを　あけて、きゅうこんを　うえました。

5 さいごに　きゅうこんに　土をかけて、水を　たっぷり　やりました。

上の1〜5の　文しょうを　読んで、答えましょう。

1 何の　じかんに　きゅうこんを　うえましたか。

生かつか

2 何の　きゅうこんを　うえますか。

チューリップ

3 まず、どこに　土を　入れましたか。

うえ木ばち

4 どれぐらいの　大きさの　あなを　あけましたか。

きゅうこんが（すっぽり　入る）くらいの　大きさ

5 さいごに　何を　たっぷり　やりましたか。

水

1〜5の　文しょうを　ぜんぶ　読んで、答えましょう。

つぎの　文が　じゅんばんに　なるように、（　）に　1〜3の　すう字を　書きましょう。

（3）たっぷり　水を　やる。

（1）うえ木ばちに　土を　入れる。

（2）きゅうこんを　うえる。

33頁

お話　五文の　文しょうを　読みとろう　③

名まえ

1 おねえさんと　サンドイッチを　つくりました。

2 はじめに　パンに　バターを　ぬりました。

3 つぎに、ちぎった　レタスと　ハムを　パンに　のせました。

4 おねえさんが、大すきな　スライスチーズも　のせました。

5 さいごに　パンを　もう一まい　上に　のせて、ナイフで　きったら、できあがりです。

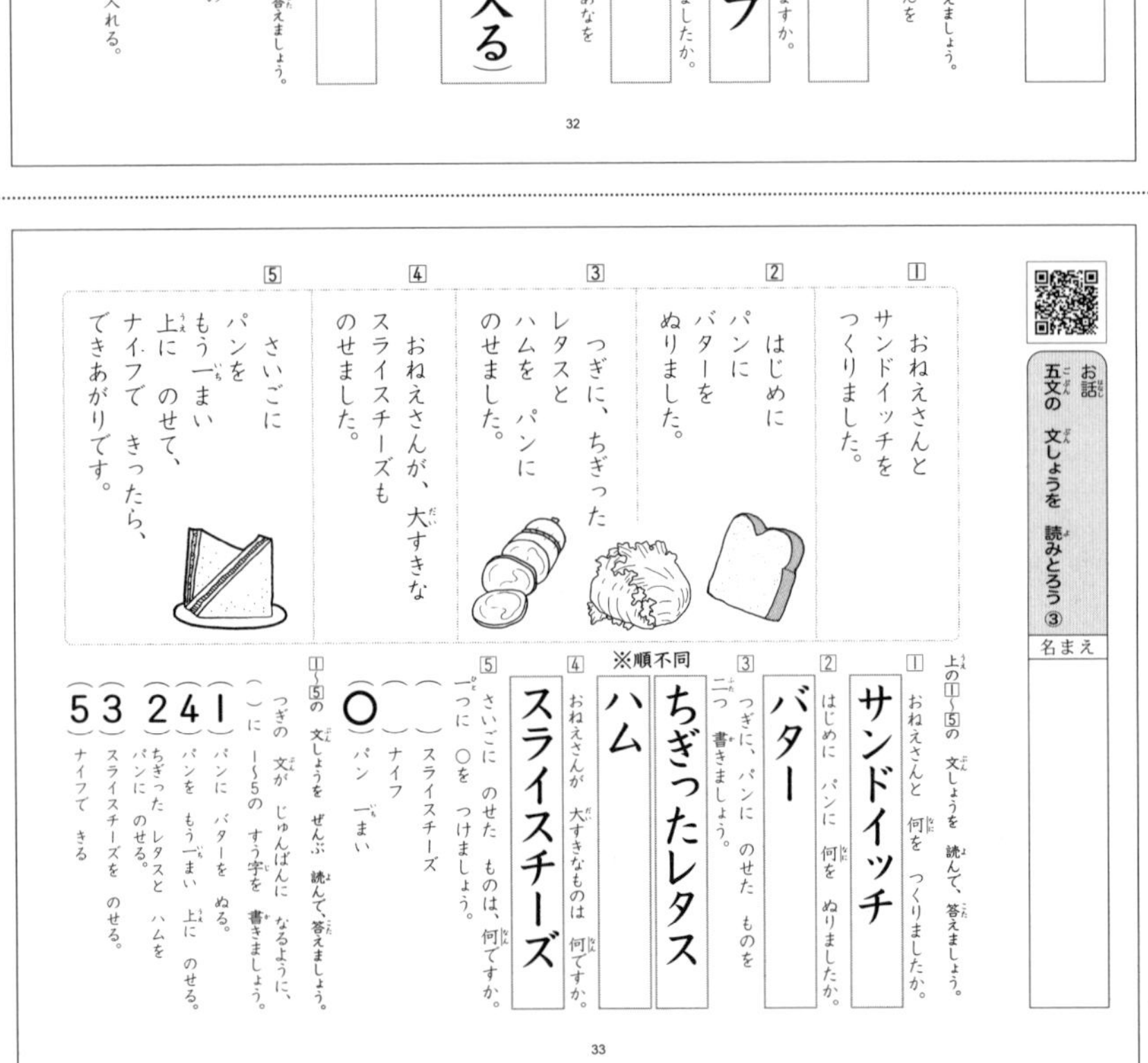

上の1〜5の　文しょうを　読んで、答えましょう。

1 おねえさんと　何を　つくりましたか。

サンドイッチ

2 はじめに　パンに　何を　ぬりましたか。

バター

3 つぎに、パンに　のせた　ものを　二つ　書きましょう。

※順不同

ちぎったレタス

ハム

4 おねえさんが　大すきなものは　何ですか。

スライスチーズ

5 さいごに　のせた　ものは、何ですか。一つに　○を　つけましょう。

（　）スライスチーズ

（　）ナイフ

（○）パン　一まい

1〜5の　文しょうを　ぜんぶ　読んで、答えましょう。

つぎの　文が　じゅんばんに　なるように、（　）に　1〜5の　すう字を　書きましょう。

（1）パンに　バターを　ぬる。

（4）パンを　もう一まい　上に　のせる。

（2）ちぎった　レタスと　ハムを　パンに　のせる。

（3）スライスチーズを　のせる。

（5）ナイフで　きる

解答例

※ワークシートと解答例は、学習する児童の実態にあわせて拡大してお使いください。

※児童に取り組ませる前に、必ず先生が問題を解いてください。本書の解答や指導にあたっては、あくまで1つの例です。児童の多様な考えに寄り添って、○つけをお願いします。

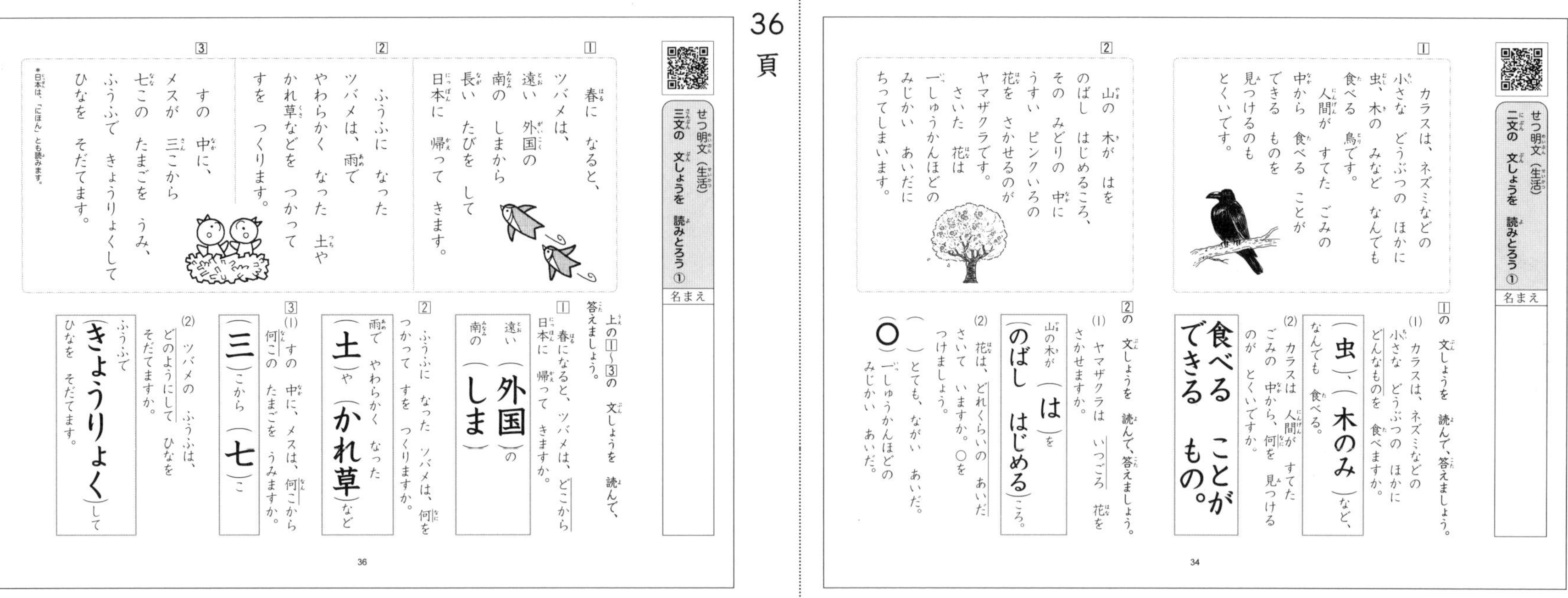

34頁

せつ明文（生活）
二文の　文しょうを　読みとろう　①

名まえ

1
カラスは、ネズミなどの　小さな　どうぶつの　ほかに　虫、木の　みなど　なんでも　食べる　鳥です。
人間が　すてた　ごみの　中から　食べる　ものを　見つけるのも　とくいです。

2
山の　木が　はを　のばし　はじめるころ、その　みどりの　中に　うすい　ピンクいろの　花を　さかせるのが　ヤマザクラです。
さいた　花は　一しゅうかんほどの　みじかい　あいだに　ちってしまいます。

1の　文しょうを　読んで、答えましょう。

(1) カラスは、ネズミなどの　小さな　どうぶつの　ほかに　どんなものを　食べますか。

（虫）、（木のみ）など、なんでも　食べる。

(2) カラスは　人間が　すてた　ごみの　中から、何を　見つける　のが　とくいですか。

食べる　ことが　できる　もの。

2の　文しょうを　読んで、答えましょう。

(1) ヤマザクラは　いつごろ　花を　さかせますか。

山の木が（は）を（のばし　はじめる）ころ。

(2) 花は、どれくらいの　あいだ　さいて　いますか。○を　つけましょう。

（　）とても、ながい　あいだ。
（○）一しゅうかんほどの　みじかい　あいだ。

34

36頁

せつ明文（生活）
三文の　文しょうを　読みとろう　①

名まえ

1
春に　なると、ツバメは、遠い　外国の　南の　しまから　長い　たびを　して　日本に　帰って　きます。

2
ふうふに　なった　ツバメは、雨で　やわらかく　なった　土や　かれ草などを　つかって　すを　つくります。

3
すの　中に、メスが　三こから　七この　たまごを　うみ、ふうふで　きょうりょくして　ひなを　そだてます。

＊日本は、「にほん」とも読みます。

上の1〜3の　文しょうを　読んで、答えましょう。

1 春になると、ツバメは、どこから　日本に　帰って　きますか。

遠い（外国）の　南の（しま）

2 ふうふに　なった　ツバメは、何を　つかって　すを　つくりますか。

雨で　やわらかく　なった（土）や（かれ草）など

3 (1) すの　中に、メスは、何こから　何この　たまごを　うみますか。

（三）こから（七）こ

(2) ツバメの　ふうふは、どのようにして　ひなを　そだてますか。

ふうふで（きょうりょく）して　ひなを　そだてます。

36

35頁

せつ明文（生活）
二文の　文しょうを　読みとろう　②

名まえ

1
サツマイモは、秋に　地めんの　中に　できる　イモですが、この　イモは、サツマイモの　みでは　ありません。
サツマイモの　イモは、サツマイモの　はっぱで　作られた　えいよう分が、ねに　はこばれて、その　ねが　太く　大きく　なったものです。

2
カブトムシは、大きくて　りっぱな　つのを　持って　います。
けれども、この　つのを　持って　いるのは、オスだけで、メスは　持って　いません。

1の　文しょうを　読んで、答えましょう。（ならって　いない　かん字は、ひらがなで　書きましょう。）

(1) サツマイモの　イモは、いつ　できますか。一つに　○を　つけましょう。

（　）春（　）夏（○）秋（　）冬

(2) サツマイモの　イモは、どこに　できますか。

地めんの　中

(3) サツマイモの　イモについて、正しいほうに　○を　つけましょう。

（　）サツマイモの　みが　大きく　なった　ものです。
（○）サツマイモの　イモは、サツマイモの　ねが　大きく　なった　ものです。

2の　文しょうを　読んで、答えましょう。

(1) カブトムシは　何を　持って　いますか。

つの

(2) カブトムシの　つのは、どんな　つのですか。

（大きくて　りっぱな）つの

(3) 上の　文しょうと　合うもの　一つに　○を　つけましょう。

（○）オスの　カブトムシには、つのが　ある。
（　）メスの　カブトムシには、つの　がある。
（　）カブトムシは、オスにも　メスにも　つのが　ある。

35

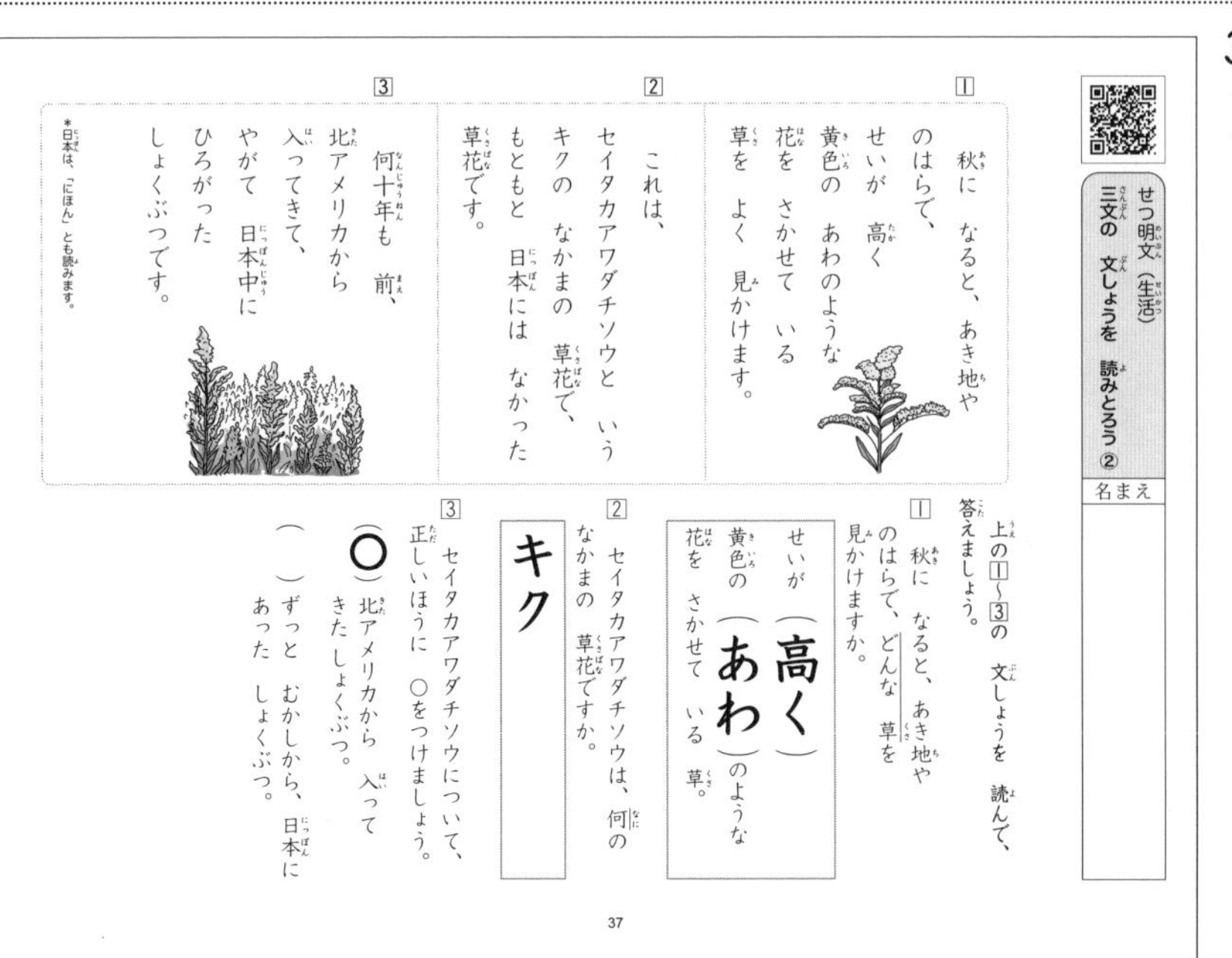

37頁

せつ明文（生活）
三文の　文しょうを　読みとろう　②

名まえ

1
秋に　なると、あき地や　のはらで、せいが　高く　黄色の　あわのような　花を　さかせて　いる　草を　よく　見かけます。

2
これは、セイタカアワダチソウと　いう　キクの　なかまの　草花で、もともと　日本には　なかった　草花です。

3
何十年も　前、北アメリカから　入ってきて、やがて　日本中に　ひろがった　しょくぶつです。

＊日本は、「にほん」とも読みます。

上の1〜3の　文しょうを　読んで、答えましょう。

1 秋に　なると、あき地や　のはらで、どんな　草を　見かけますか。

せいが（高く）黄色の（あわ）のような　花を　さかせて　いる　草。

2 セイタカアワダチソウは、何の　なかまの　草花ですか。

キク

3 セイタカアワダチソウについて、正しいほうに　○をつけましょう。

（○）北アメリカから　入って　きたしょくぶつ。
（　）ずっと　むかしから、日本に　あった　しょくぶつ。

37

※児童に取り組ませる前に、必ず先生が問題を解いてください。本書の解答や指導にあたっては、あくまで１つの例です。児童の多様な考えに寄り添って、○つけをお願いします。

解答例

※ワークシートと解答例は、学習する児童の実態にあわせて拡大してお使いください。

38頁

せつ明文（生活）三文の 文しょうを 読みとろう ③

名まえ

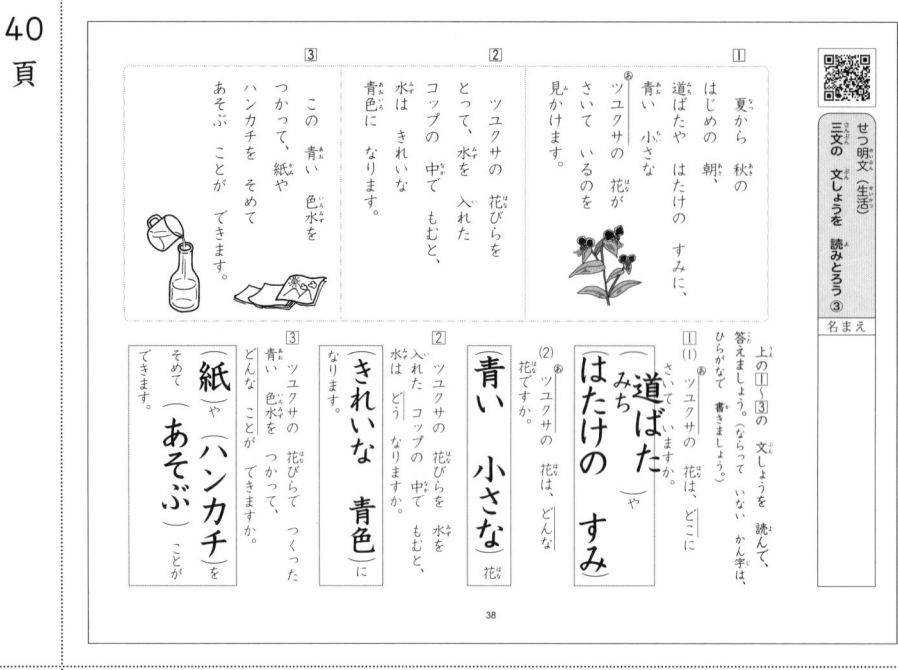

1 夏から 秋の はじめの 朝、道ばたや はたけの すみに、青い 小さな ㋐ツユクサの 花が さいて いるのを 見かけます。

2 ツユクサの 花びらを とって、水を 入れた コップの 中で もむと、水は きれいな 青色に なります。

3 この 青い 色水を つかって、紙や ハンカチを そめて あそぶ ことが できます。

上の1～3の 文しょうを 読んで、答えましょう。（ならって いない かん字は、ひらがなで 書きましょう。）

1 (1) ㋐ツユクサの 花は、どこに さいて いますか。

（道ばた（みち））や（はたけの すみ）

(2) ㋐ツユクサの 花は、どんな 花ですか。

（青い 小さな）花

2 ツユクサの 花びらを 水を 入れた コップの 中で もむと、水は どう なりますか。

（きれいな 青色）に なります。

3 ツユクサの 花びらで つくった 青い 色水を つかって、どんな ことが できますか。

（紙）や（ハンカチ）を そめて（あそぶ）ことが できます。

38

39頁

せつ明文（生活）三文の 文しょうを 読みとろう ④

名まえ

1 秋に なると、田んぼでは いねの みが みのりますが、この いねの みが、みんなの 食べる お米に なります。

2 みのった いねの みは、もみと いい、からが ついて いるので、まず そのからを むいて とり、げん米と いう お米に します。

3 この げん米には、まだ、うすい かわなどが、ついて いるので、それらを きかいで とった ものが、わたしたちが、ふだん 食べて いる 白米と いう お米です。

上の1～3の 文しょうを 読んで、答えましょう。（ならって いない かん字は、ひらがなで 書きましょう。）

1 (1) 秋になると、どこで いねの みが みのりますか。

田んぼ

(2) いねの「み」が、何に なるのですか。

お米（こめ）

2 (1) みのった いねの「み」は、何と いいますか。

もみ

(2) 「もみ」から「から」を むいて とった ものを 何と いいますか。

げん米（まい）

3 (1) 「げん米」から うすい かわ などを とった ものを 何と いいますか。

白米（まい）

(2) わたしたちが、ふだん 食べて いるのは、何という お米ですか。一つに ○を つけましょう。

（　）もみ　（　）げん米　（○）白米

39

40頁

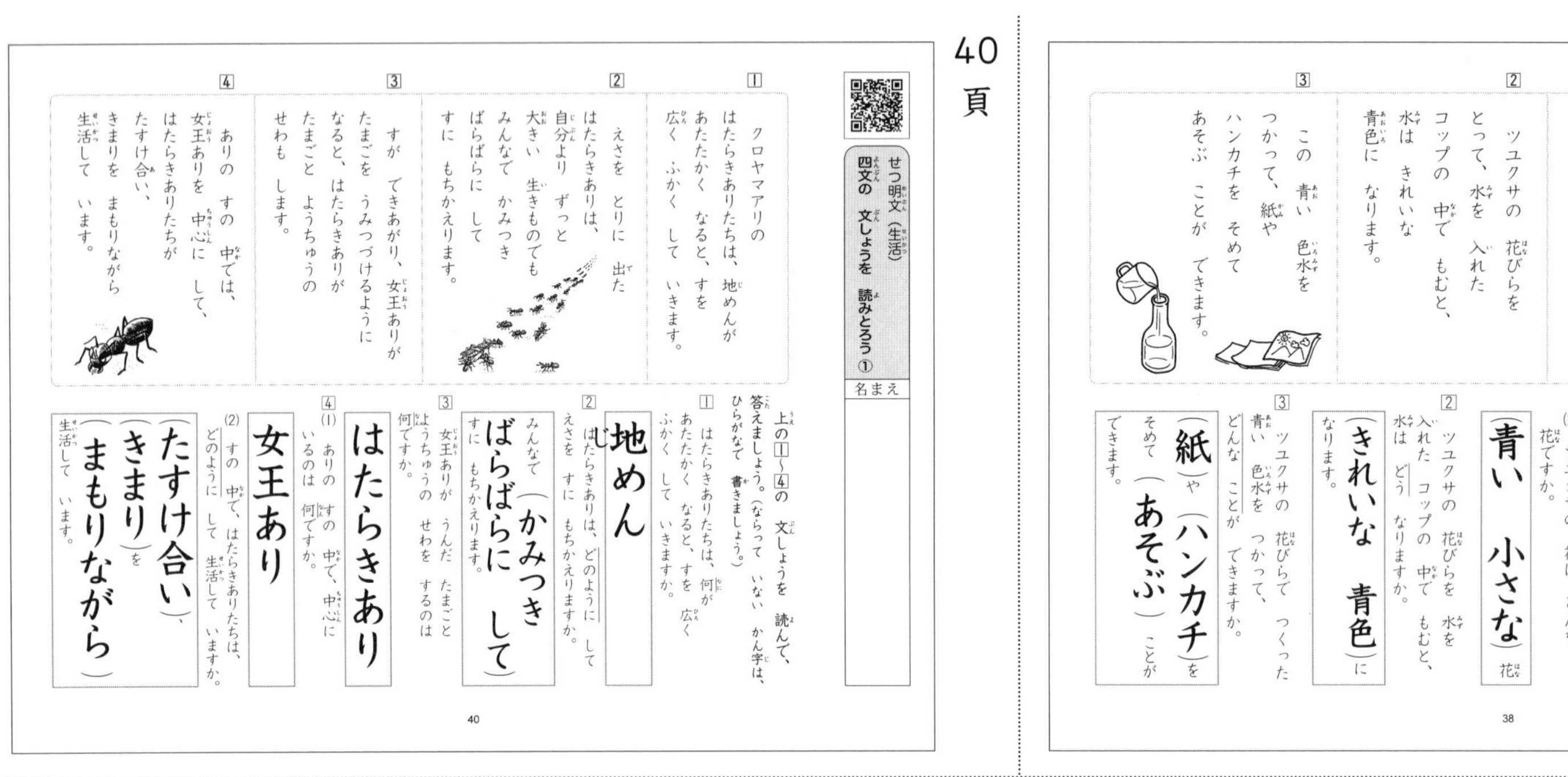

せつ明文（生活）四文の 文しょうを 読みとろう ①

名まえ

1 クロヤマアリの はたらきありたちは、地めんが あたたかく なると、すを 広く ふかく して いきます。

2 えさを とりに 出た はたらきありは、自分より ずっと 大きい 生きものでも みんなで かみつき ばらばらに して すに もちかえります。

3 すが できあがり、女王ありが たまごを うみつづけるように なると、はたらきありが たまごと ようちゅうの せわも します。

4 ありの すの 中では、女王ありを 中心に して、はたらきありたちが たすけ合い、きまりを まもりながら 生活して います。

上の1～4の 文しょうを 読んで、答えましょう。（ならって いない かん字は、ひらがなで 書きましょう。）

1 はたらきありたちは、何が あたたかく なると、すを 広く ふかく して いきますか。

地めん（じ）

2 えさを すに もちかえりますか。はたらきありは、どのように して すに もちかえりますか。

みんなで（かみつき ばらばらに して）

3 女王ありが うんだ たまごと ようちゅうの せわを するのは 何ですか。

はたらきあり

4 (1) ありの すの 中で、中心に いるのは 何ですか。

女王あり

(2) すの 中で、はたらきありたちは、どのように して 生活して いますか。

（たすけ合い）、（きまり）を（まもりながら）生活して います。

40

41頁

せつ明文（生活）四文の 文しょうを 読みとろう ②

名まえ

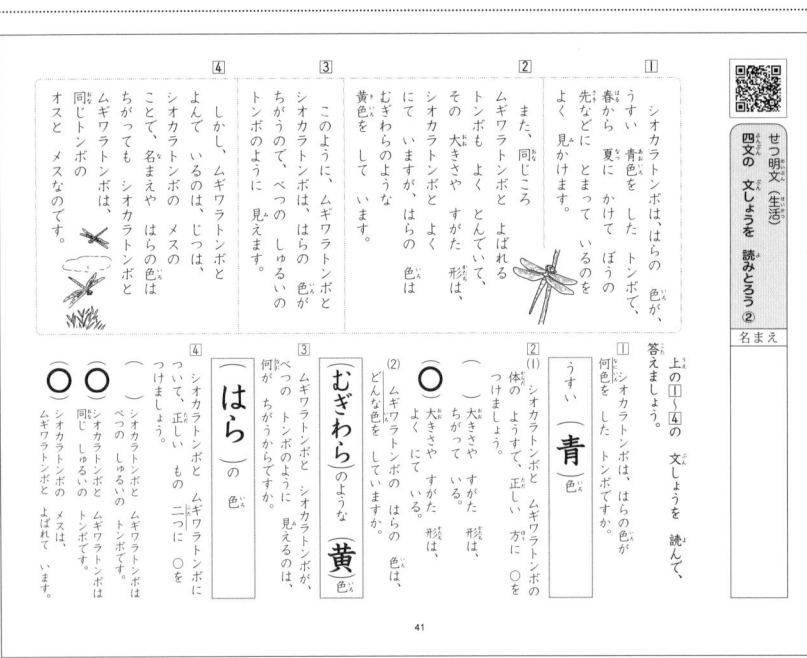

1 シオカラトンボは、はらの 色が、うすい 青色を した トンボで、春から 夏に かけて ぼうの 先などに とまって いるのを よく 見かけます。

2 また、同じころ ムギワラトンボと よばれる トンボも よく とんでいて、その 大きさや すがた 形は、シオカラトンボと よく にて いますが、はらの 色は むぎわらのような 黄色を して います。

3 このように、ムギワラトンボと シオカラトンボは、はらの 色が ちがうので、べつの しゅるいの トンボのように 見えます。

4 しかし、ムギワラトンボと よんで いるのは、じつは、シオカラトンボの メスの ことで、名まえや はらの色は ちがっても シオカラトンボと ムギワラトンボは、同じトンボの オスと メスなのです。

上の1～4の 文しょうを 読んで、答えましょう。

1 シオカラトンボは、はらの色が 何色を した トンボですか。

うすい（青）色

2 (1) シオカラトンボと ムギワラトンボの 体の ようすで、正しい 方に ○を つけましょう。

（　）大きさや すがた 形は、ちがって いる。

（○）大きさや すがた 形は、よく にて いる。

(2) ムギワラトンボの はらの 色は、どんな色を していますか。

（むぎわら）のような（黄）色

3 ムギワラトンボと シオカラトンボが、べつの トンボのように 見えるのは、何が ちがうからですか。

（はら）の 色

4 シオカラトンボと ムギワラトンボに ついて、正しい もの 二つに ○を つけましょう。

（　）シオカラトンボと ムギワラトンボは べつの しゅるいの トンボです。

（○）シオカラトンボと ムギワラトンボは 同じ しゅるいの トンボです。

（○）シオカラトンボの メスは、ムギワラトンボと よばれて います。

41

解答例

※ワークシートと解答例は、学習する児童の実態にあわせて拡大してお使いください。

※児童に取り組ませる前に、必ず先生が問題を解いてください。本書の解答や指導にあたっては、あくまで１つの例です。児童の多様な考えに寄り添って、○つけをお願いします。

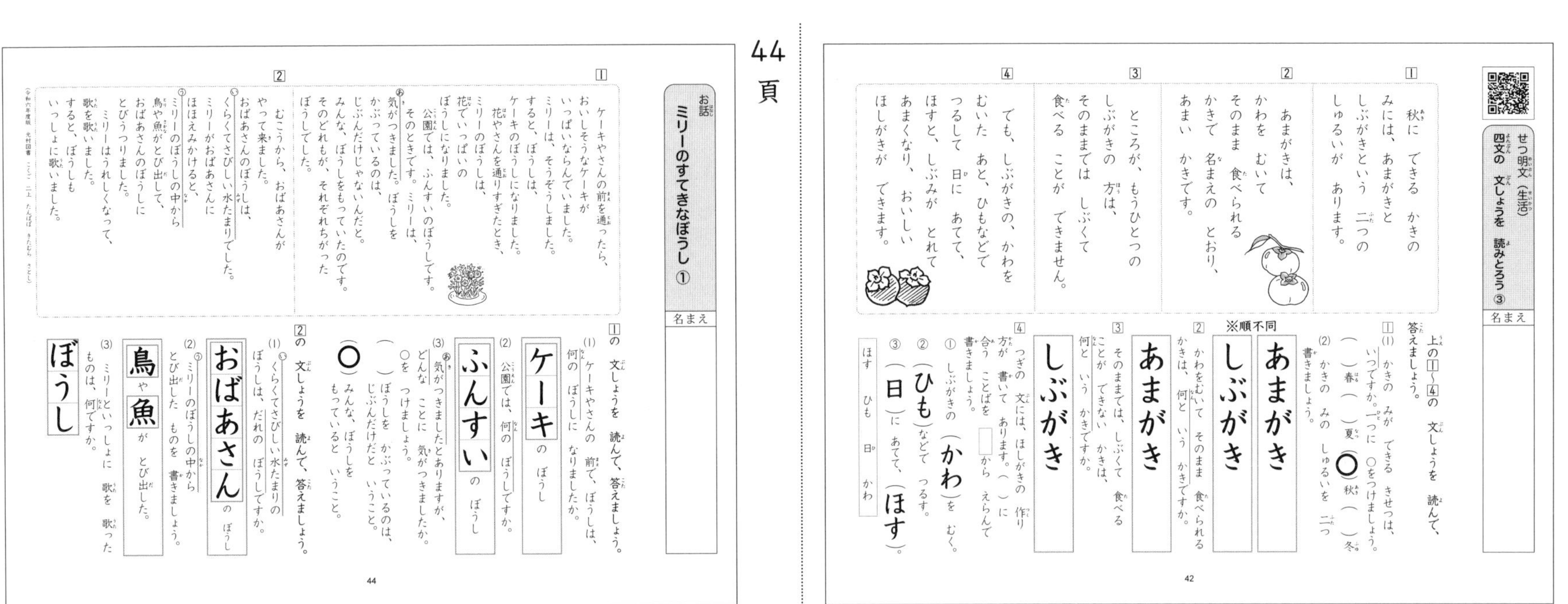

42頁

せつ明文（生活）
四文の　文しょうを　読みとろう③

名まえ

1
秋に　できる　かきの
みには、あまがきと
しぶがきという　二つの
しゅるいが　あります。

2
あまがきは、
かわを　むいて
そのまま　食べられる
かきで　名まえの　とおり、
あまい　かきです。

3
ところが、もうひとつの
しぶがきの　方は、
そのままでは　しぶくて
食べる　ことが　できません。

4
でも、しぶがきの、かわを
むいた　あと、ひもなどで
つるして　日に　あてて、
ほすと、しぶみが　とれて
あまくなり、おいしい
ほしがきが　できます。

上の1～4の　文しょうを　読んで、答えましょう。

1 (1) かきの　みが　できる　きせつは、いつですか。一つに　○をつけましょう。
（　）春　（　）夏　（○）秋　（　）冬

(2) かきの　みの　しゅるいを　二つ　書きましょう。
※順不同
あまがき
しぶがき

2 かわをむいて　そのまま　食べられる　かきは、何と　いう　かきですか。
あまがき

3 そのままでは、しぶくて　食べる　ことが　できない　かきは、何と　いう　かきですか。
しぶがき

4 つぎの　文には、ほしがきの　作り方が　書いて　あります。（　）に　合う　ことばを　□から　えらんで　書きましょう。
① しぶがきの　（かわ）を　むく。
② （ひも）などで　つるす。
③ （日）に　あてて、（ほす）。

ほす　ひも　日　かわ

42

44頁

お話
ミリーのすてきなぼうし①

名まえ

1
ケーキやさんの前を通ったら、
おいしそうなケーキが
いっぱいならんでいました。
ミリーは、そうぞうしました。
すると、ぼうしは、
ケーキのぼうしになりました。
花やさんを通りすぎたとき、
ミリーのぼうしは、
花でいっぱいの
ぼうしになりました。
公園では、ふんすいのぼうしです。
そのときです。ミリーは、
あ気がつきました。ぼうしを
かぶっているのは、
じぶんだけじゃないんだと。
みんな、ぼうしをもっていたのです。
そのどれもが、それぞれちがった
ぼうしでした。

2
むこうから、おばあさんが
やって来ました。
おばあさんのぼうしは、
いくらくてさびしい水たまりでした。
ミリーがおばあさんに
ほほえみかけると、
うミリーのぼうしの中から
鳥や魚がとび出して、
おばあさんのぼうしに
とびうつりました。
ミリーはうれしくなって、
歌を歌いました。
すると、ぼうしも
いっしょに歌いました。

（令和六年度版　光村図書　こくご　二上　たんぽぽ　きたむら　さとし）

1の　文しょうを　読んで、答えましょう。
(1) ケーキやさんの　前で、ぼうしは、何の　ぼうしに　なりましたか。
ケーキ　の　ぼうし

(2) 公園では、何の　ぼうしですか。
ふんすい　の　ぼうし

(3) あ気がつきましたとありますが、どんな　ことに　気がつきましたか。○を　つけましょう。
（　）ぼうしを　かぶっているのは、じぶんだけだと　いうこと。
（○）みんな、ぼうしを　もっていると　いうこと。

2の　文しょうを　読んで、答えましょう。
(1) いくらくてさびしい水たまりの　ぼうしは、だれの　ぼうしですか。
おばあさん　の　ぼうし

(2) うミリーのぼうしの中から　とび出した　ものを　書きましょう。
鳥　や　魚　が　とび出した。

(3) ミリーと　いっしょに　歌を　歌った　ものは、何ですか。
ぼうし

44

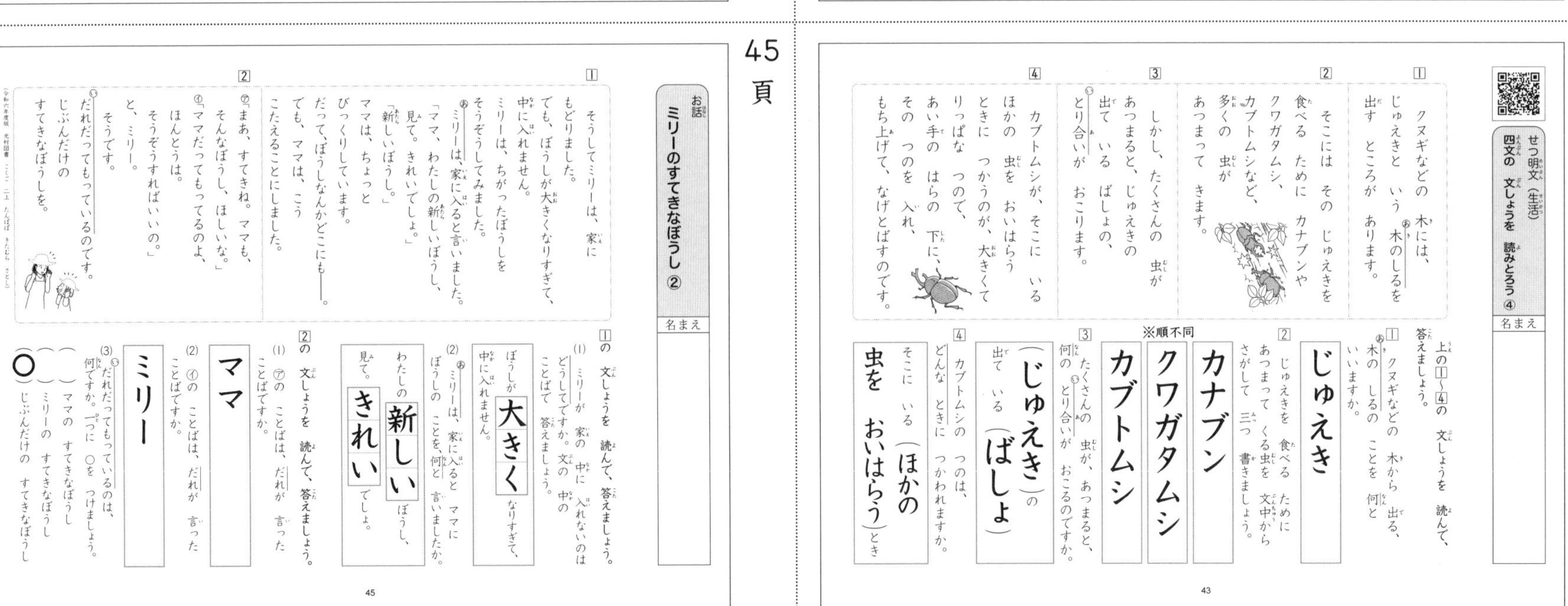

43頁

せつ明文（生活）
四文の　文しょうを　読みとろう④

名まえ

1
クヌギなどの　木には、
じゅえきと　いう　あ木のしるを
出す　ところが　あります。

2
そこには　その　じゅえきを
食べる　ために　カナブンや
クワガタムシ、
カブトムシなど、
多くの　虫が
あつまって　きます。

3
しかし、たくさんの　虫が
あつまると、じゅえきの
出て　いる　ばしょの、
いとり合いが　おこります。

4
カブトムシが、そこに　いる
ほかの　虫を　おいはらう
ときに　つかうのが、大きくて
りっぱな　つので、
あい手の　はらの　下に、
その　つのを　入れ、
もち上げて、なげとばすのです。

上の1～4の　文しょうを　読んで、答えましょう。

1 クヌギなどの　木から　出る、あ木の　しるの　ことを　何と　いいますか。
じゅえき

2 じゅえきを　食べる　ために　あつまって　くる虫を　文中から　さがして　三つ　書きましょう。
※順不同
カナブン
クワガタムシ
カブトムシ

3 たくさんの　虫が、あつまると、何の　いとり合いが　おこるのですか。
（じゅえき）の　出て　いる　（ばしょ）

4 カブトムシの　つのは、どんな　ときに　つかわれますか。
そこに　いる　（ほかの　虫を　おいはらう）とき

43

45頁

お話
ミリーのすてきなぼうし②

名まえ

1
そうしてミリーは、家に
もどりました。
でも、ぼうしが大きくなりすぎて、
中に入れません。
ミリーは、ちがったぼうしを
そうぞうしてみました。
あミリーは、家に入ると言いました。
「ママ、わたしの新しいぼうし、
見て。きれいでしょ。」
「新しいぼうし。」
ママは、ちょっと
びっくりしています。
だって、ぼうしなんかどこにも――。
でも、ママは、こう
こたえることにしました。

2
ア「まあ、すてきね。ママも、
そんなぼうし、ほしいな。」
イ「ママだってもってるのよ、
ほんとうは。
そうぞうすればいいの。」
と、ミリー。
そうです。
いだれだってもっているのです。
じぶんだけの
すてきなぼうしを。

（令和六年度版　光村図書　こくご　二上　たんぽぽ　きたむら　さとし）

1の　文しょうを　読んで、答えましょう。
(1) ミリーが　家の　中に　入れないのは　どうしてですか。文の　中の　ことばで　答えましょう。
ぼうしが　大きく　なりすぎて、中に入れません。

(2) あミリーは、家に入ると　ママに　ぼうしの　ことを、何と　言いましたか。
わたしの　新しい　ぼうし、見て。きれい　でしょ。

2の　文しょうを　読んで、答えましょう。
(1) アの　ことばは、だれが　言った　ことばですか。
ママ

(2) イの　ことばは、だれが　言った　ことばですか。
ミリー

(3) いだれだってもっているのは、何ですか。一つに　○を　つけましょう。
（　）ママの　すてきなぼうし
（　）ミリーの　すてきなぼうし
（○）じぶんだけの　すてきなぼうし

45

※児童に取り組ませる前に、必ず先生が問題を解いてください。本書の解答や指導にあたっては、あくまで１つの例です。児童の多様な考えに寄り添って、○つけをお願いします。

※ワークシートと解答例は、学習する児童の実態にあわせて拡大してお使いください。

46頁

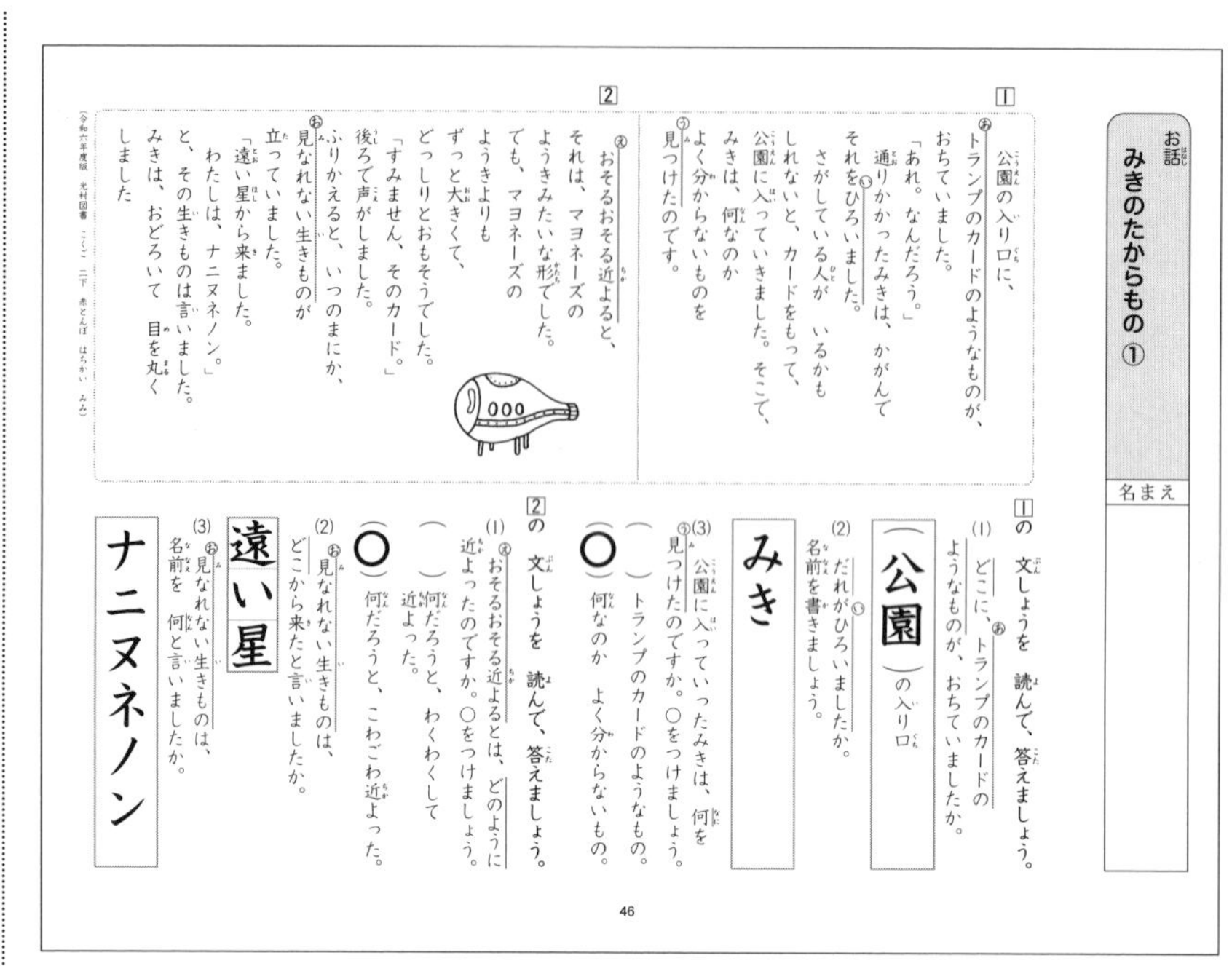

お話　みきのたからもの ①

名まえ

1

(あ)公園の入り口に、トランプのカードのようなものが、おちていました。

「あれ。なんだろう。」

通りかかったみきは、かがんで　それを(い)ひろいました。

さがしている人が　いるかもしれないと、カードをもって、公園に入っていきました。そこで、みきは、何なのか　よく分からないものを　(う)見つけたのです。

2

(え)おそるおそる近よると、それは、マヨネーズのようきみたいな形でした。でも、マヨネーズのようきよりも　ずっと大きくて、どっしりとおもそうでした。

「すみません、そのカード。」

後ろで声がしました。ふりかえると、いつのまにか、(お)見なれない生きものが　立っていました。

「遠い星から来ました。わたしは、ナニヌネノン。」

と、その生きものは言いました。みきは、おどろいて　目を丸くしました

（令和六年度版　光村図書　こくご　二下　赤とんぼ　はちかい　みみ）

1の　文しょうを　読んで、答えましょう。

(1) (あ)どこに、トランプのカードのようなものが、おちていましたか。

（公園）の入り口

(2) (い)だれがひろいましたか。名前を書きましょう。

みき

(3) (う)公園に入っていったみきは、何を見つけたのですか。○をつけましょう。

（　）トランプのカードのようなもの。

（○）何なのか　よく分からないもの。

2の　文しょうを　読んで、答えましょう。

(1) (え)おそるおそる近よるとは、どのように近よったのですか。○をつけましょう。

（　）何だろうと、わくわくして近よった。

（○）何だろうと、こわごわ近よった。

(2) (お)見なれない生きものは、どこから来たと言いましたか。

遠い星

(3) (お)見なれない生きものは、名前を　何と言いましたか。

ナニヌネノン

46

47頁

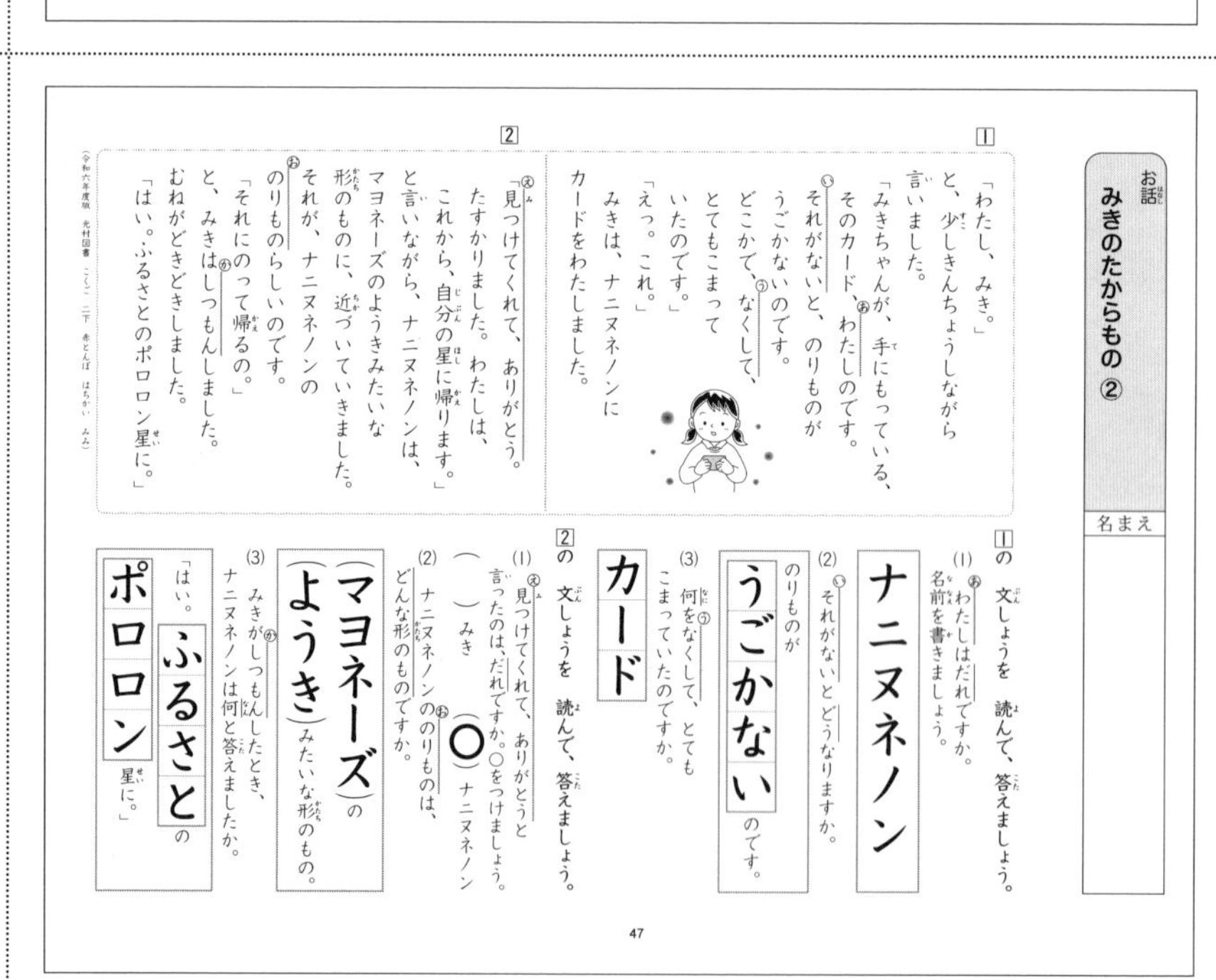

お話　みきのたからもの ②

名まえ

1

「わたし、みき。」

と、少しきんちょうしながら言いました。

「みきちゃんが、手にもっている、そのカード、(あ)わたしのです。(い)それがないと、のりものが　うごかないのです。どこかで、(う)なくして、とてもこまっていたのです。」

「えっ。これ。」

みきは、ナニヌネノンにカードをわたしました。

2

(え)「見つけてくれて、ありがとう。たすかりました。わたしは、これから、自分の星に帰ります。」

と言いながら、ナニヌネノンは、マヨネーズのようきみたいな形のものに、近づいていきました。それが、ナニヌネノンの(お)のりものらしいのです。

「それにのって帰るの。」

と、みきは(か)しつもんしました。むねがどきどきしました。

「はい。ふるさとのポロロン星に。」


（令和六年度版　光村図書　こくご　二下　赤とんぼ　はちかい　みみ）

1の　文しょうを　読んで、答えましょう。

(1) (あ)わたしはだれですか。名前を書きましょう。

ナニヌネノン

(2) (い)それがないとどうなりますか。

のりものが　うごかない　のです。

(3) (う)何をなくして、とてもこまっていたのですか。

カード

2の　文しょうを　読んで、答えましょう。

(1) (え)見つけてくれて、ありがとうと言ったのは、だれですか。○をつけましょう。

（　）みき　（○）ナニヌネノン

(2) (お)ナニヌネノンののりものは、どんな形のものですか。

（マヨネーズ）の（ようき）みたいな形のもの。

(3) (か)みきがしつもんしたとき、ナニヌネノンは何と答えましたか。

「はい。ふるさとのポロロン星に。」

47

48頁

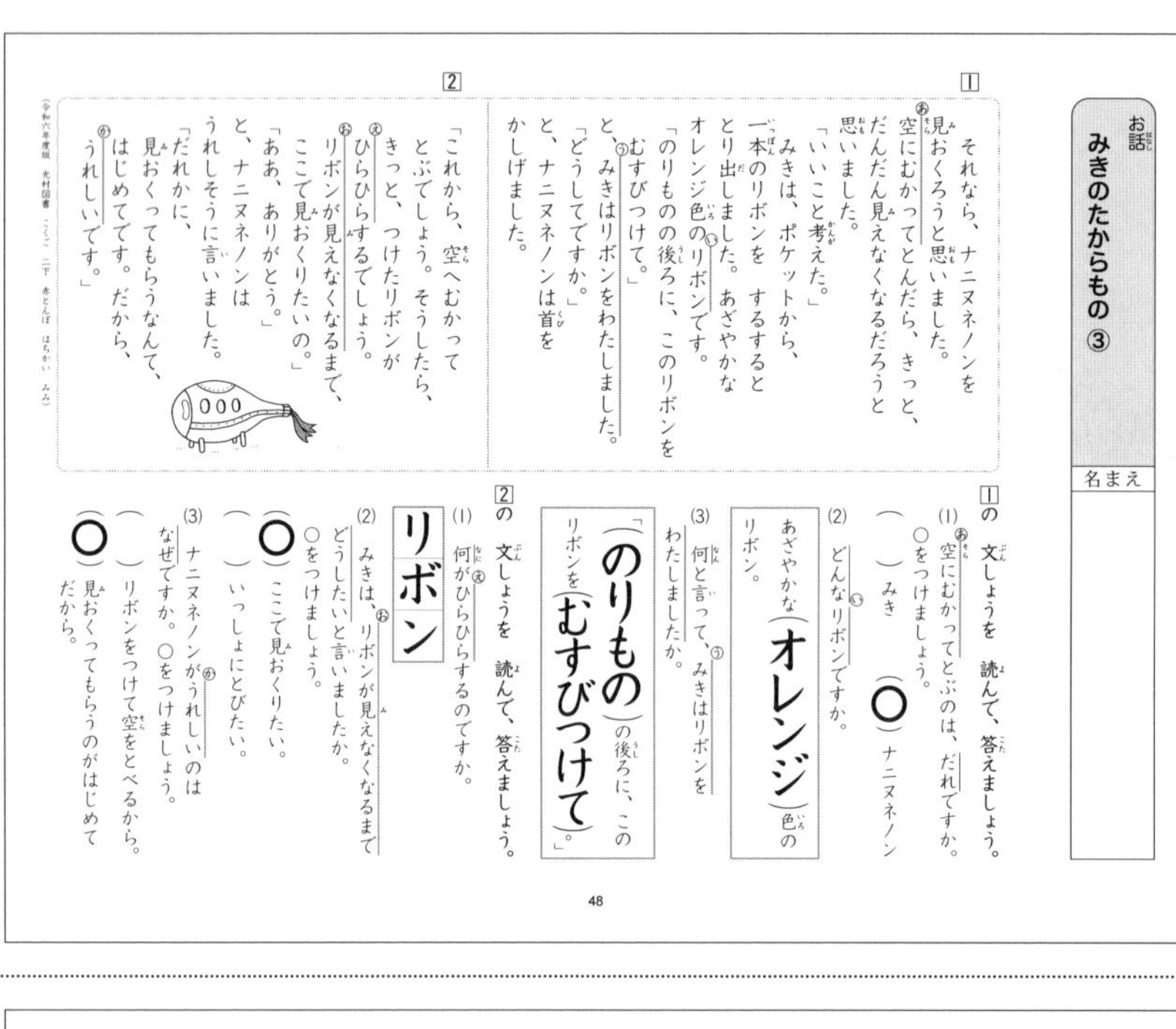

お話　みきのたからもの ③

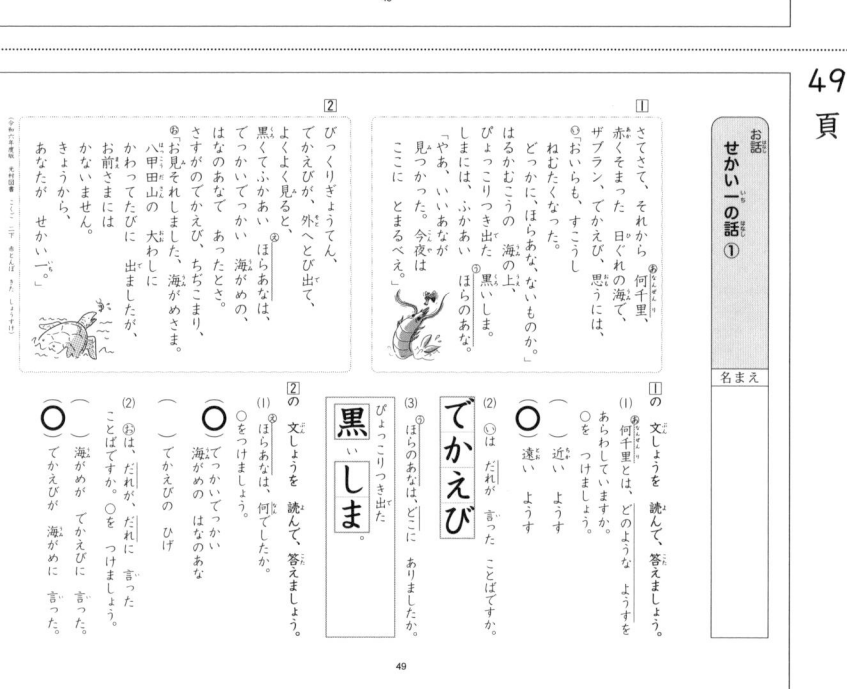

名まえ

1

それなら、ナニヌネノンを(あ)見おくろうと思いました。

空にむかってとんだら、きっと、だんだん見えなくなるだろうと思いました。

「いいこと考えた。」

みきは、ポケットから、一本のリボンを　するするととり出しました。あざやかなオレンジ色の(い)リボンです。

「のりものの後ろに、このリボンを(う)むすびつけて。」

と、みきはリボンをわたしました。

「どうしてですか。」

と、ナニヌネノンは首をかしげました。

2

「これから、空へむかってとぶでしょう。そうしたら、きっと、つけたリボンが(え)ひらひらするでしょう。(お)リボンが見えなくなるまで、ここで見おくりたいの。」

「ああ、ありがとう。」

と、ナニヌネノンはうれしそうに言いました。

「だれかに、見おくってもらうなんて、はじめてです。だから、(か)うれしいです。」


（令和六年度版　光村図書　こくご　二下　赤とんぼ　はちかい　みみ）

1の　文しょうを　読んで、答えましょう。

(1) (あ)空にむかってとぶのは、だれですか。○をつけましょう。

（　）みき　（○）ナニヌネノン

(2) (い)どんなリボンですか。

あざやかな（オレンジ）色のリボン。

(3) (う)何と言って、みきはリボンをわたしましたか。

「（のりもの）の後ろに、このリボンを（むすびつけて）。」

2の　文しょうを　読んで、答えましょう。

(1) (え)何がひらひらするのですか。

リボン

(2) (お)みきは、リボンが見えなくなるまでどうしたいと言いましたか。○をつけましょう。

（○）ここで見おくりたい。

（　）いっしょにとびたい。

(3) (か)ナニヌネノンがうれしいのはなぜですか。○をつけましょう。

（　）リボンをつけて空をとべるから。

（○）見おくってもらうのがはじめてだから。

48

49頁

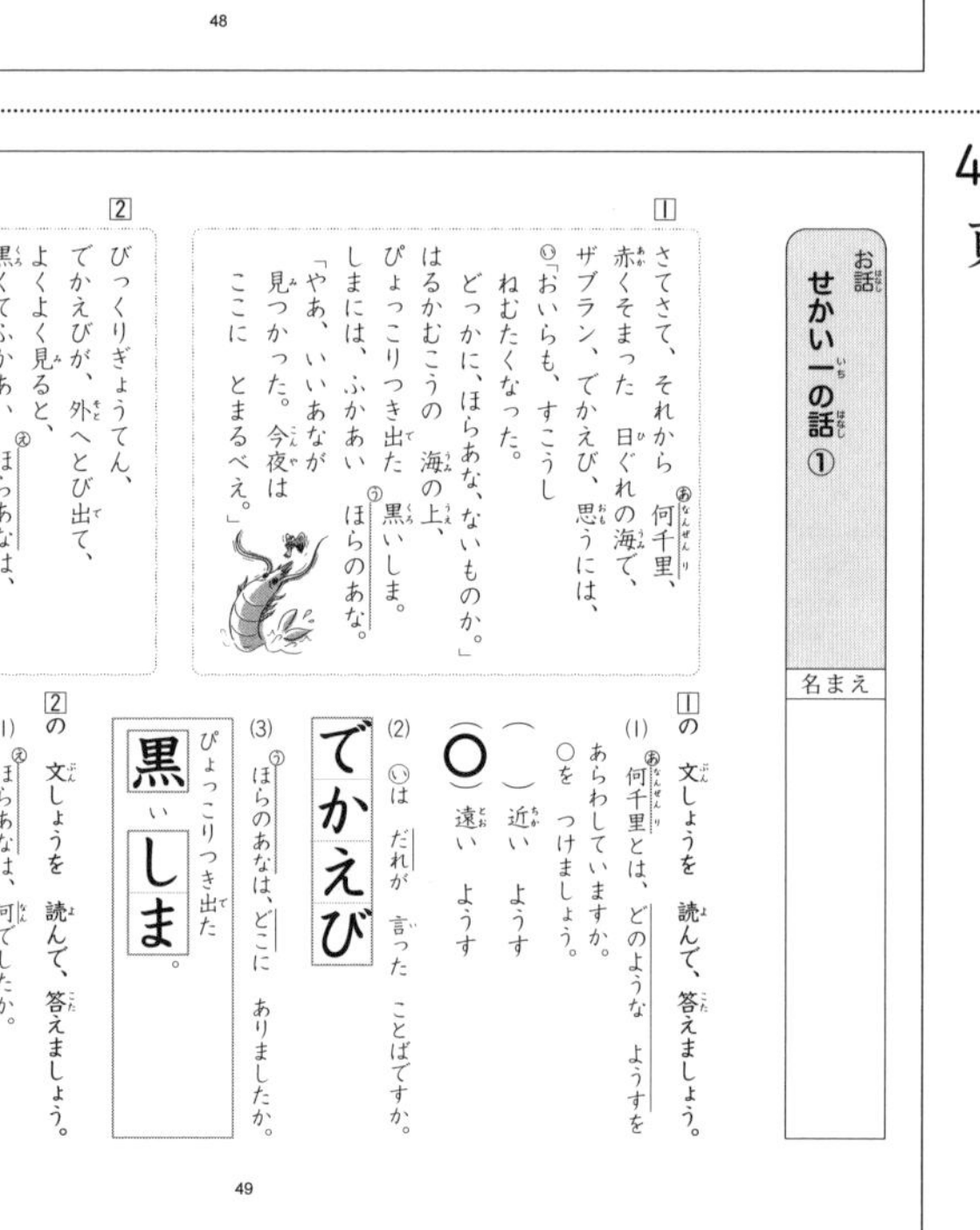

お話　せかい一の話 ①

名まえ

1

さてさて、それから　(あ)何千里、赤くそまった　日ぐれの海で、ザブラン、でかえび、思うには、

(い)「おいらも、すこうし　ねむたくなった。どっかに、ほらあな、ないものか。」

はるかむこうの　海の上、ぴょっこりつき出た　(う)黒いしま。しまには、ふかあい　ほらのあな。

「やあ、いいあなが　見つかった。今夜は　ここに　とまるべえ。」

2

びっくりぎょうてん、でかえびが、外へとび出て、よくよく見ると、(え)ほらあなは、黒くてふかあい　海がめの、でっかいでっかい　はなのあな　あったとさ。

(お)「お見それしました、海がめさま。さすがのでかえび、ちぢこまり、八甲田山の　大わしに　かわってたびに　出ましたが、お前さまには　かないません。きょうから、あなたが　せかい一。」


（令和六年度版　光村図書　こくご　二下　赤とんぼ　きた　しょうすけ）

1の　文しょうを　読んで、答えましょう。

(1) (あ)何千里とは、どのような　ようすを　あらわしていますか。○を　つけましょう。

（　）近い　ようす
（○）遠い　ようす

(2) (い)は　だれが　言った　ことばですか。

でかえび

(3) (う)ほらのあなは、どこに　ありましたか。

ぴょっこりつき出た　黒いしま。

2の　文しょうを　読んで、答えましょう。

(1) (え)ほらあなは、何でしたか。○をつけましょう。

（○）でっかいでっかい　海がめの　はなのあな
（　）でかえびの　ひげ

(2) (お)は、だれが、だれに　言った　ことばですか。○を　つけましょう。

（　）海がめが　でかえびに　言った。

（○）でかえびが　海がめに　言った。

49

解答例

※児童に取り組ませる前に、必ず先生が問題を解いてください。本書の解答や指導にあたっては、あくまで１つの例です。児童の多様な考えに寄り添って、○つけをお願いします。

※ワークシートと解答例は、学習する児童の実態にあわせて拡大してお使いください。

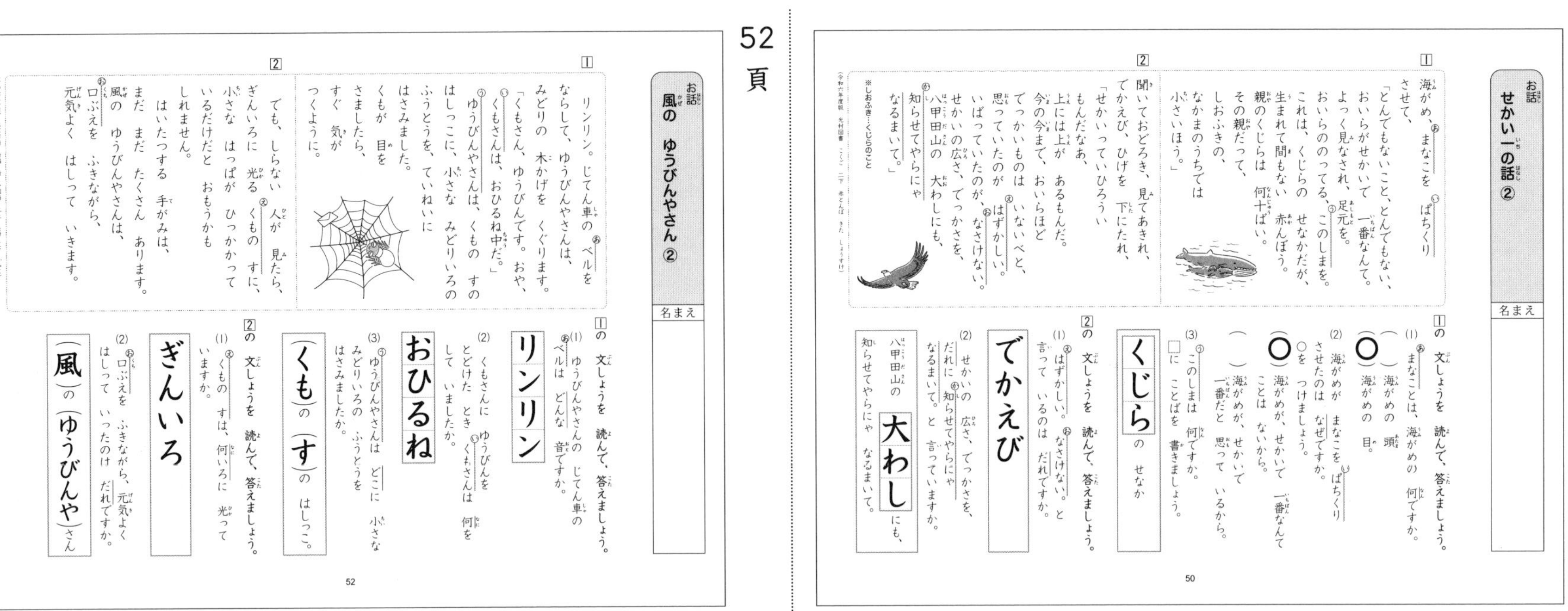

50頁

お話　せかい一の話　②

名まえ

1
海がめ、あまなこを　いぱちくり
させて、
「とんでもないこと、とんでもない、
おいらがせかいで　一番なんて。
よっく見なされ、足元を。
おいらののってる、うこのしまを。
これは、くじらの　せなかだが、
生まれて間もない　赤んぼう。
親のくじらは　何十ばい。
その親だって、
しおふきの、
なかまのうちでは
小さいほう。」

2
聞いておどろき、見てあきれ、
でかえび、ひげを　下にたれ、
「せかいっていひろうい
もんだなあ、
上には上が　あるもんだ。
今の今まで、おいらほど
でっかいものは　いないべと、
思っていたのが　えはずかしい。
いばっていたのが、おなさけない。
せかいの広さ、でっかさを、
八甲田山の　大わしにも、
か知らせてやらにゃ
なるまいて。」

※しおふき…くじらのこと

（令和六年度版　光村図書　こくご　二下　赤とんぼ　きた　しょうすけ）

1の　文しょうを　読んで、答えましょう。

(1) あまなこは、海がめの　何ですか。
（　）海がめの　頭。
（○）海がめの　目。

(2) 海がめが　まなこを　いぱちくり　させたのは　なぜですか。○を　つけましょう。
（○）海がめが、せかいで　一番なんて　ことは　ないから。
（　）海がめが、せかいで　一番だと　思って　いるから。

(3) うこのしまは　何ですか。□に　ことばを　書きましょう。
くじら　の　せなか

2の　文しょうを　読んで、答えましょう。

(1) えはずかしい。おなさけない。と　言って　いるのは　だれですか。
でかえび

(2) せかいの　広さ、でっかさを、だれに　か知らせてやらにゃ　なるまいて。と　言って　いますか。
八甲田山の　大わし　にも、知らせてやらにゃ　なるまいて。

50

52頁

お話　風の　ゆうびんやさん　②

名まえ

1
リンリン。じてん車の　あベルを
ならして、ゆうびんやさんは、
みどりの　木かげを　くぐります。
「くもさん、ゆうびんです。おや、
いくもさんは、おひるね中だ。」
うゆうびんやさんは、くもの　すの
はしっこに、小さな　みどりいろの
ふうとうを、ていねいに
はさみました。
くもが　目を
さましたら、
すぐ　気が
つくように。

2
でも、しらない　人が　見たら、
ぎんいろに　光る　えくもの　すに、
小さな　はっぱが　ひっかかって
いるだけだと　おもうかも
しれません。
はいたつする　手がみは、
まだ　まだ　たくさん　あります。
風の　ゆうびんやさんは、
お口ぶえを　ふきながら、
元気よく　はしって　いきます。

（令和六年度版　東京書籍　新編　新しい国語　二上　たけした　ふみこ）

1の　文しょうを　読んで、答えましょう。

(1) ゆうびんやさんの　じてん車の　あベルは　どんな　音ですか。
リンリン

(2) くもさんに　いゆうびんを　とどけた　とき、くもさんは　何を　して　いましたか。
おひるね

(3) うゆうびんやさんは　どこに　小さな　みどりいろの　ふうとうを　はさみましたか。
（くも）の（す）の　はしっこ。

2の　文しょうを　読んで、答えましょう。

(1) えくもの　すは、何いろに　光って　いますか。
ぎんいろ

(2) お口ぶえを　ふきながら、元気よく　はしって　いったのは　だれですか。
（風）の（ゆうびんや）さん

52

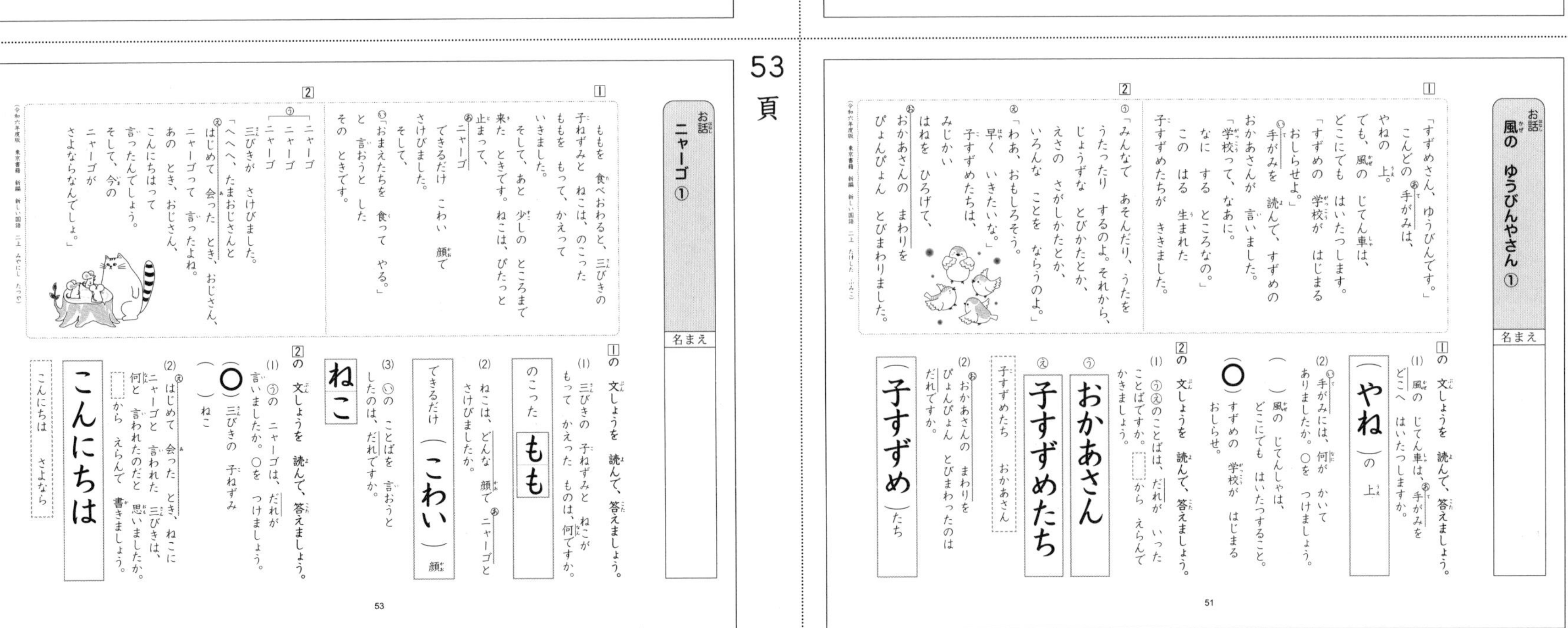

51頁

お話　風の　ゆうびんやさん　①

名まえ

1
「すずめさん、ゆうびんです。」
こんどの　あ手がみは、
やねの　上。
でも、風の　じてん車は、
どこにでも　はいたつします。
「すずめの　学校が　はじまる
おしらせよ。」
い手がみを　読んで、すずめの
おかあさんが　言いました。
「学校って、なあに。
なに　する　ところなの。」
この　はる　生まれた
子すずめたちが　ききました。

2
う「みんなで　あそんだり、うたを
うたったり　するのよ。それから、
じょうずな　とびかたとか、
えさの　さがしかたとか、
いろんな　ことを　ならうのよ。」
え「わあ、おもしろそう。
早く　いきたいな。」
子すずめたちは、
みじかい
はねを　ひろげて、
おおかあさんの　まわりを
ぴょんぴょん　とびまわりました。

（令和六年度版　東京書籍　新編　新しい国語　二上　たけした　ふみこ）

1の　文しょうを　読んで、答えましょう。

(1) 風の　じてん車は、あ手がみを　どこへ　はいたつしますか。
（やね）の　上

(2) い手がみには、何が　かいて　ありましたか。○を　つけましょう。
（　）風の　じてんしゃは、どこにでも　はいたつすること。
（○）すずめの　学校が　はじまる　おしらせ。

2の　文しょうを　読んで、答えましょう。

(1) うえの　ことばは、だれが　いった　ことばですか。□から　えらんで　かきましょう。
う　おかあさん
え　子すずめたち

子すずめたち　おかあさん

(2) おおかあさんの　まわりを　ぴょんぴょん　とびまわったのは　だれですか。
（子すずめ）たち

51

53頁

お話　ニャーゴ　①

名まえ

1
ももを　食べおわると、三びきの
子ねずみと　ねこは、のこった
ももを　もって、かえって
いきました。
そして、あと　少しの　ところまで
来た　ときです。ねこは、ぴたっと
止まって、
あニャーゴ
できるだけ　こわい　顔で
さけびました。
そして、
い「おまえたちを　食って　やる。」
と　言おうと　した
その　ときです。

2
う
ニャーゴ
ニャーゴ
ニャーゴ
三びきが　さけびました。
「へへへ、たまおじさんと
えはじめて　会った　とき、おじさん、
ニャーゴって　言ったよね。
あの　とき、おじさん、
こんにちはって
言ったんでしょう。
そして、今の
ニャーゴが
さよならなんでしょ。」

（令和六年度版　東京書籍　新編　新しい国語　二上　みやにし　たつや）

1の　文しょうを　読んで、答えましょう。

(1) 三びきの　子ねずみと　ねこが　もって　かえった　ものは、何ですか。
のこった　もも

(2) ねこは、どんな　顔で　あニャーゴと　さけびましたか。
できるだけ（こわい）顔

(3) いの　ことばを　言おうと　したのは、だれですか。
ねこ

2の　文しょうを　読んで、答えましょう。

(1) うの　ニャーゴは、だれが　言いましたか。○を　つけましょう。
（○）三びきの　子ねずみ
（　）ねこ

(2) えはじめて　会った　とき、ねこに　ニャーゴと　言われた　三びきは、何と　言われたのだと　思いましたか。□から　えらんで　書きましょう。
こんにちは

こんにちは　さよなら

53

※児童に取り組ませる前に、必ず先生が問題を解いてください。本書の解答や指導にあたっては、あくまで１つの例です。児童の多様な考えに寄り添って、○つけをお願いします。

※ワークシートと解答例は、学習する児童の実態にあわせて拡大してお使いください。

54頁

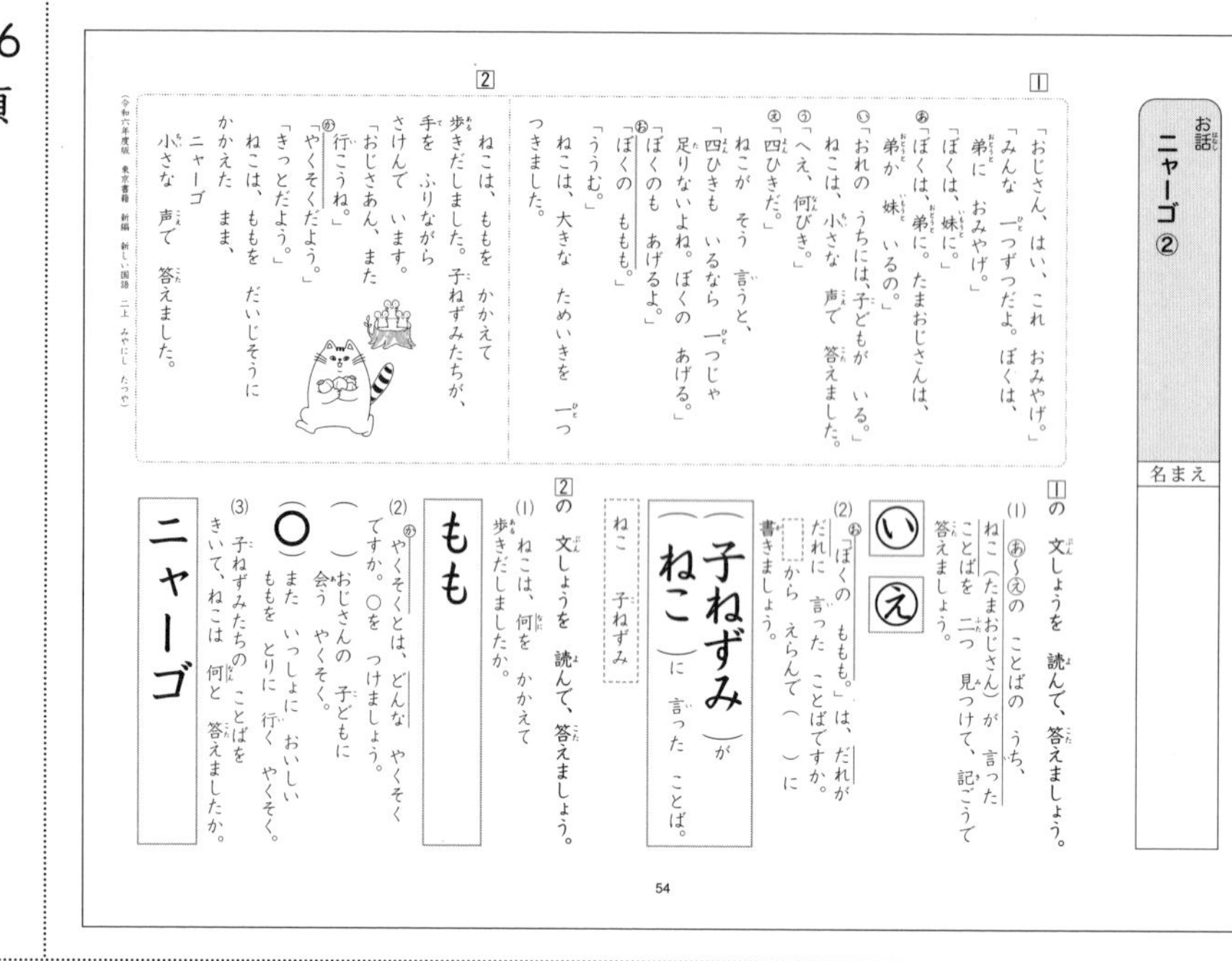

お話　ニャーゴ ②

名まえ

1

「おじさん、はい、これ　おみやげ。」

「みんな　一つずつだよ。ぼくは、弟に　おみやげ。」

「ぼくは、妹に。」

あ「ぼくは、弟に。たまおじさんは、弟か　妹　いるの。」

い「おれの　うちには、子どもが　いる。」

ねこは、小さな　声で　答えました。

う「へえ、何びき。」

え「四ひきだ。」

ねこが　そう　言うと、

「四ひきも　いるなら　一つじゃ足りないよね。ぼくの　あげる。」

お「ぼくのも　あげるよ。」

「ぼくの　ももも。」

「ううむ。」

ねこは、大きな　ためいきを　一つつきました。

2

ねこは、ももを　かかえて　歩きだしました。子ねずみたちが、手を　ふりながら　さけんで　います。
「おじさあん、また　行こうね。」
か「やくそくだよう。」
「きっとだよう。」
ねこは、ももを　だいじそうに　かかえた　まま、
ニャーゴ
小さな　声で　答えました。

（令和六年度版　東京書籍　新編　新しい国語　二上　みやにし　たつや）

1の　文しょうを　読んで、答えましょう。

(1) ねこ（たまおじさん）が　言った　ことばを　あ～えの　ことばの　うち、二つ　見つけて、記ごうで　答えましょう。

い　え

(2) お「ぼくの　ももも。」は、だれが　だれに　言った　ことばですか。［　］から　えらんで（　）に　書きましょう。

［ねこ　子ねずみ］

（子ねずみ）が
（ねこ）に　言った　ことば。

2の　文しょうを　読んで、答えましょう。

(1) ねこは、何を　かかえて　歩きだしましたか。

もも

(2) か　やくそくとは、どんな　やくそくですか。○を　つけましょう。

（　）おじさんの　子どもに　会う　やくそく。

（○）また　いっしょに　ももを　とりに　行く　やくそく。

(3) 子ねずみたちの　ことばを　きいて、ねこは　何と　答えましたか。

ニャーゴ

54

55頁

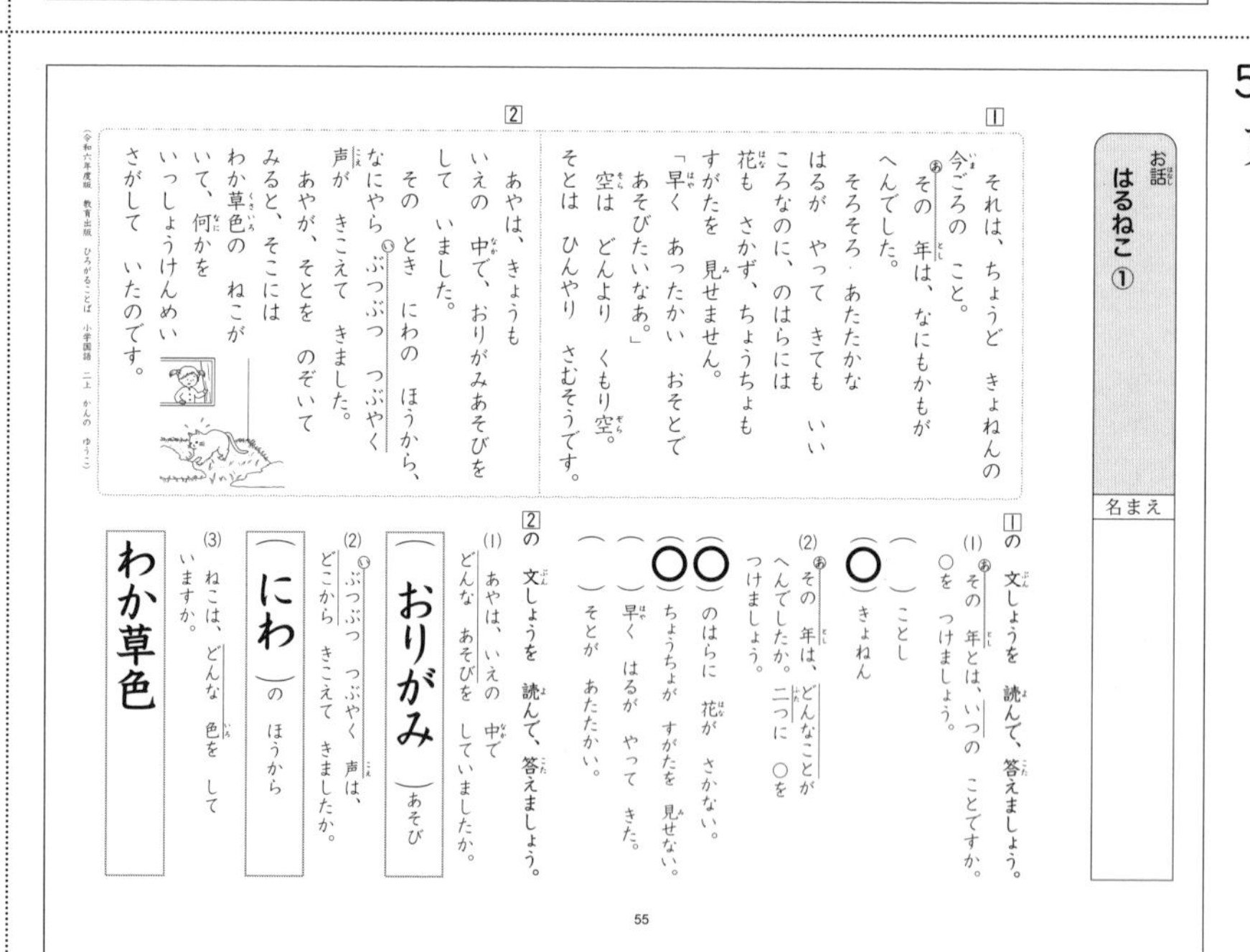

お話　はるねこ ①

名まえ

1

それは、ちょうど　きょねんの　今ごろの　こと。
あ　その　年は、なにもかもが　へんでした。
そろそろ　あたたかな　はるが　やって　きても　いい　ころなのに、のはらには　花も　さかず、ちょうちょも　すがたを　見せません。
「早く　あったかい　おそとで　あそびたいなあ。」
空は　どんより　くもり空。
そとは　ひんやり　さむそうです。

2

あやは、きょうも　いえの　中で、おりがみあそびを　して　いました。

その　とき　にわの　ほうから、なにやら　い　ぶつぶつ　つぶやく　声が　きこえて　きました。

あやが、そとを　のぞいて　みると、そこには　わか草色の　ねこが　いて、何かを　いっしょうけんめい　さがして　いたのです。


（令和六年度版　教育出版　ひろがることば　小学国語　二上　かんの　ゆうこ）

1の　文しょうを　読んで、答えましょう。

(1) あ　その　年とは、いつの　ことですか。○を　つけましょう。

（　）ことし
（○）きょねん

(2) あ　その　年は、どんなことが　へんでしたか。二つに　○を　つけましょう。

（○）のはらに　花が　さかない。

（○）ちょうちょが　すがたを　見せない。

（　）早く　はるが　やって　きた。

（　）そとが　あたたかい。

2の　文しょうを　読んで、答えましょう。

(1) あやは、いえの　中で　どんな　あそびを　していましたか。

（おりがみ）あそび

(2) い　ぶつぶつ　つぶやく　声は、どこから　きこえて　きましたか。

（にわ）の　ほうから

(3) ねこは、どんな　色を　して　いますか。

わか草色

55

56頁

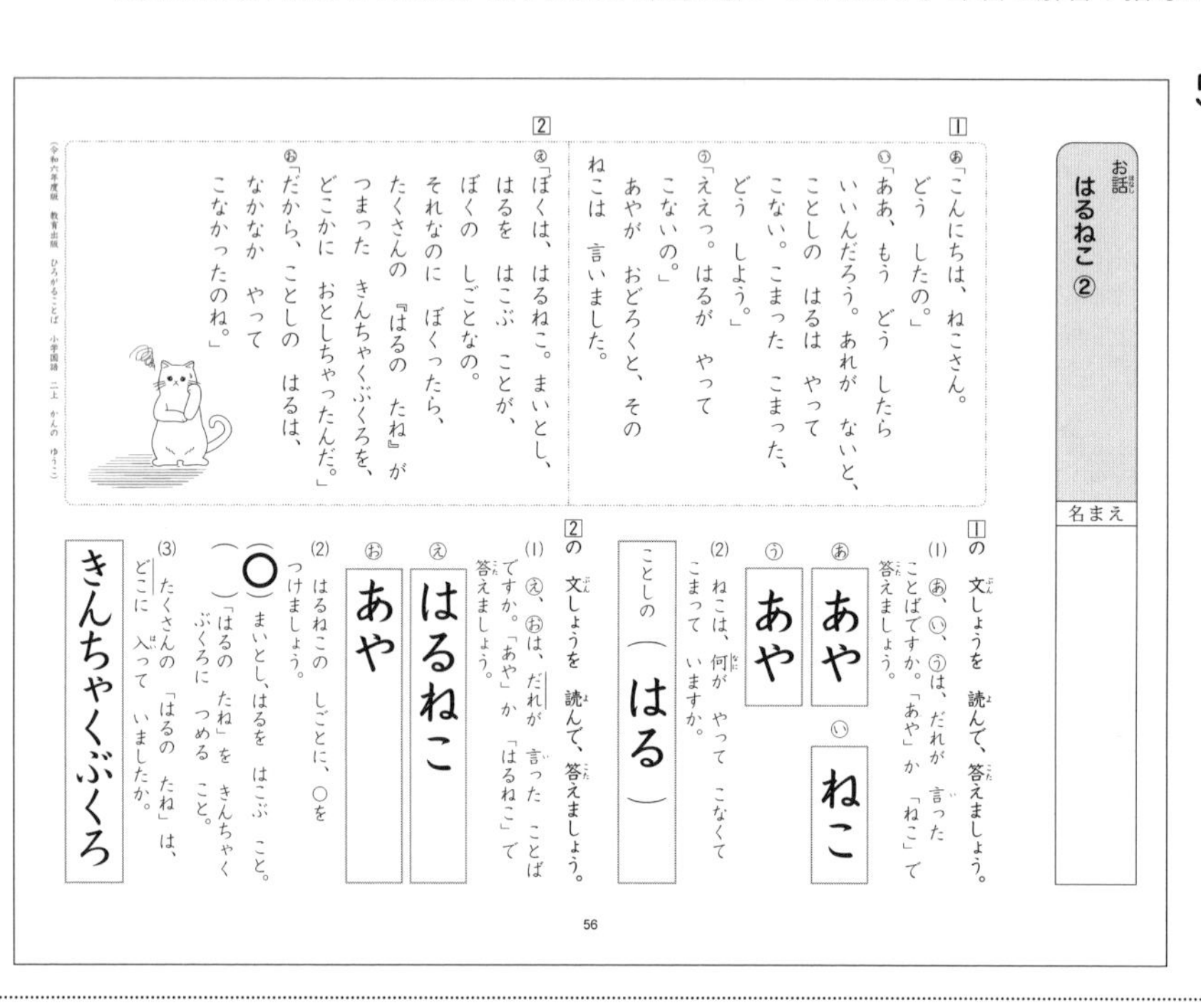

お話　はるねこ ②

名まえ

1

あ「こんにちは、ねこさん。どう　したの。」
い「ああ、もう　どう　したら　いいんだろう。あれが　ないと、ことしの　はるは　やって　こない。こまった　こまった、どう　しよう。」
う「ええっ。はるが　やって　こないの。」
あやが　おどろくと、その　ねこは　言いました。

2

え「ぼくは、はるねこ。まいとし、はるを　はこぶ　ことが、ぼくの　しごとなの。それなのに　ぼくったら、たくさんの　『はるの　たね』が　つまった　きんちゃくぶくろを、どこかに　おとしちゃったんだ。」
お「だから、ことしの　はるは、なかなか　やって　こなかったのね。」

（令和六年度版　教育出版　ひろがることば　小学国語　二上　かんの　ゆうこ）

1の　文しょうを　読んで、答えましょう。

(1) あ、い、うは、だれが　言った　ことばですか。「あや」か「ねこ」で　答えましょう。

あ　あや
い　ねこ
う　あや

(2) ねこは、何が　やって　こなくて　こまって　いますか。

ことしの（はる）

2の　文しょうを　読んで、答えましょう。

(1) え、おは、だれが　言った　ことばですか。「あや」か「はるねこ」で　答えましょう。

え　はるねこ
お　あや

(2) はるねこの　しごとに、○を　つけましょう。

（○）まいとし、はるを　はこぶ　こと。

（　）「はるの　たね」を　きんちゃくぶくろに　つめる　こと。

(3) たくさんの「はるの　たね」は、どこに　入って　いましたか。

きんちゃくぶくろ

56

57頁

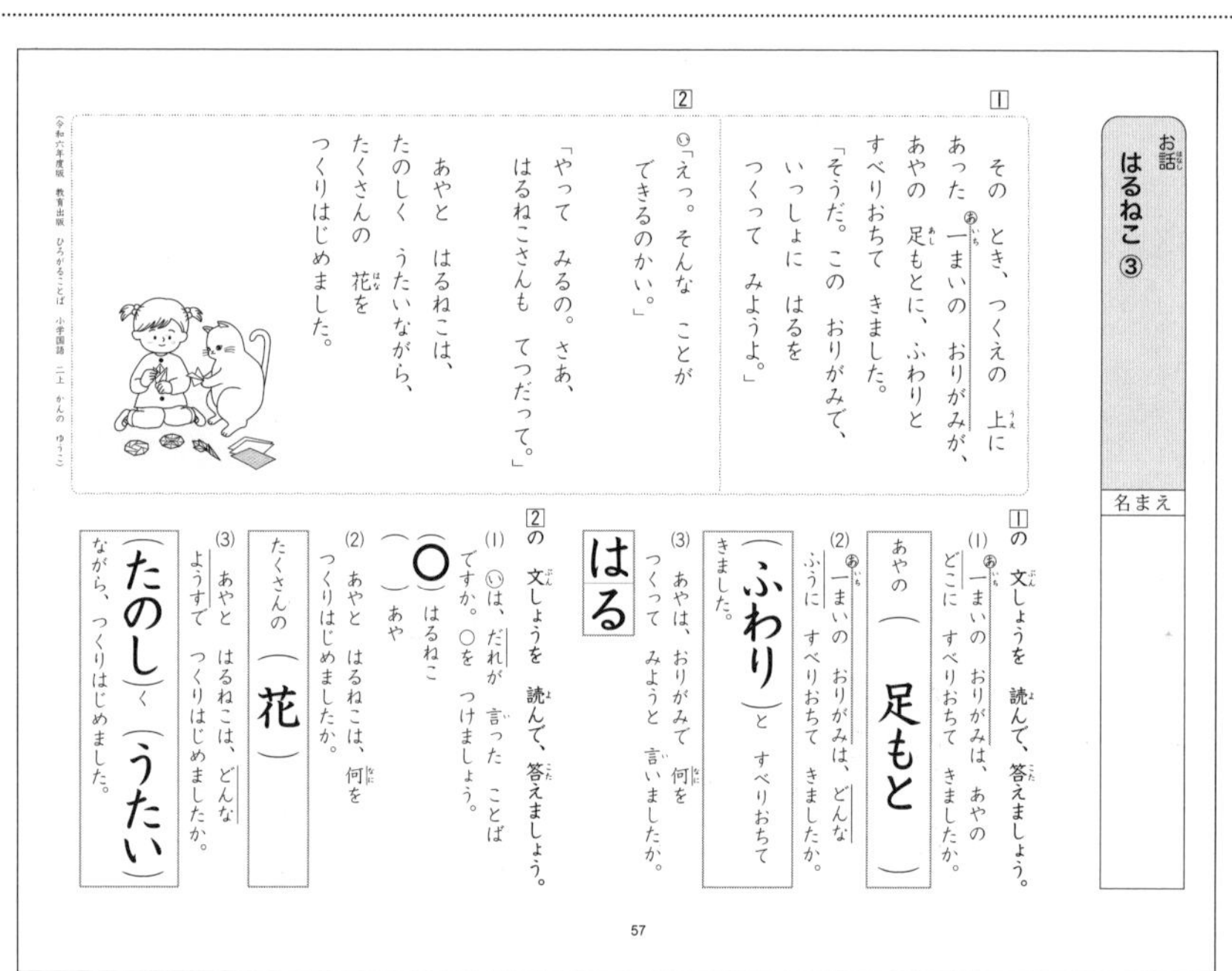

お話　はるねこ ③

名まえ

1

その　とき、つくえの　上に　あった　あ　一まいの　おりがみが、あやの　足もとに、ふわりと　すべりおちて　きました。
「そうだ。この　おりがみで、いっしょに　はるを　つくって　みようよ。」

2

い「えっ。そんな　ことが　できるのかい。」
「やって　みるの。さあ、はるねこさんも　てつだって。」
あやと　はるねこは、たのしく　うたいながら、たくさんの　花を　つくりはじめました。

（令和六年度版　教育出版　ひろがることば　小学国語　二上　かんの　ゆうこ）

1の　文しょうを　読んで、答えましょう。

(1) あ　一まいの　おりがみは、あやの　どこに　すべりおちて　きましたか。

あやの（足もと）

(2) あ　一まいの　おりがみは、どんな　ふうに　すべりおちて　きましたか。

（ふわり）と　すべりおちて　きました。

(3) あやは、おりがみで　何を　つくって　みようと　言いましたか。

はる

2の　文しょうを　読んで、答えましょう。

(1) いは、だれが　言った　ことばですか。○を　つけましょう。

（○）はるねこ
（　）あや

(2) あやと　はるねこは、何を　つくりはじめましたか。

たくさんの（花）

(3) あやと　はるねこは、どんな　ようすで　つくりはじめましたか。

（たのし）く（うたい）ながら、つくりはじめました。

57

解答例

※ワークシートと解答例は、学習する児童の実態にあわせて拡大してお使いください。

58頁

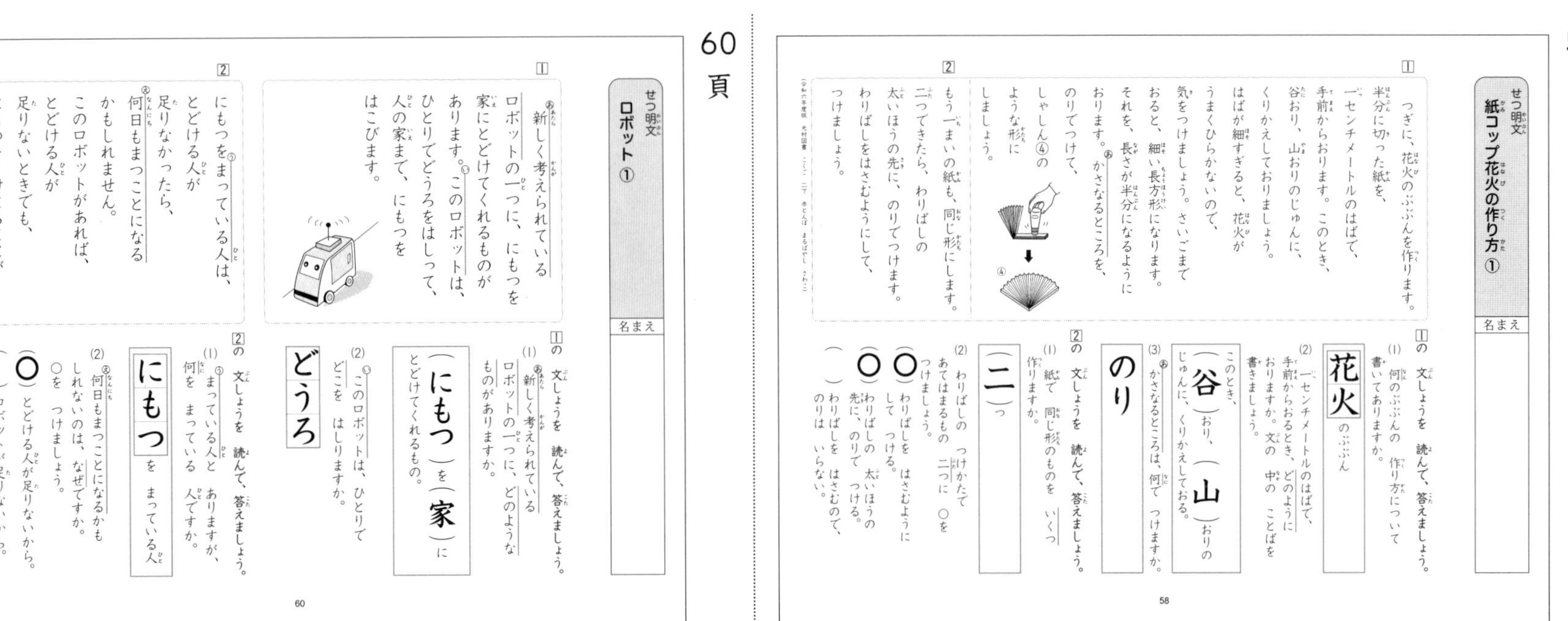

せつ明文 紙コップ花火の作り方 ①

名まえ

1

つぎに、花火のぶぶんを作ります。
半分に切った紙を、
一センチメートルのはばで、
手前からおります。このとき、
谷おり、山おりのじゅんに、
くりかえしておりましょう。
はばが細すぎると、花火が
うまくひらかないので、
気をつけましょう。さいごまで
おると、細い長方形になります。
それを、長さが半分になるように
おります。(あ)かさなるところを、
のりでつけて、
しゃしん④の
ような形に
しましょう。

2

もう一まいの紙も、同じ形にします。
二つできたら、わりばしの
太いほうの先に、のりでつけます。
わりばしをはさむようにして、
つけましょう。

(令和六年度版 光村図書 こくご 二下 赤とんぼ まるばやし さわこ)

1の 文しょうを 読んで、答えましょう。

(1) 何の ぶぶんの 作り方に ついて 書いて ありますか。

花火 の ぶぶん

(2) 一センチメートルの はばで、手前から おる とき、どのように おりますか。文の 中の ことばを 書きましょう。

このとき、（谷）おり、（山）おりの じゅんに、くりかえして おる。

(3) (あ)かさなる ところは、何で つけますか。

のり

2の 文しょうを 読んで、答えましょう。

(1) 紙で 同じ形の ものを いくつ 作りますか。

（二）つ

(2) わりばしの つけかたで あてはまる もの 二つに ○を つけましょう。

（○）わりばしを はさむように して つける。
（○）わりばしの 太い ほうの 先に、のりで つける。
（　）わりばしを はさむので、のりは いらない。

58

60頁

せつ明文 ロボット ①

名まえ

1

(あ)新しく考えられている
ロボットの一つに、にもつを
家にとどけてくれるものが
あります。(い)このロボットは、
ひとりでどうろをはしって、
人の家まで、にもつを
はこびます。

2

にもつを(う)まっている人は、
とどける人が
足りなかったら、
(え)何日もまつことになる
かもしれません。
このロボットがあれば、
とどける人が
足りないときでも、
にもつをうけとることが
できます。

(令和六年度版 光村図書 こくご 二下 赤とんぼ さとう ともまさ)

1の 文しょうを 読んで、答えましょう。

(1) (あ)新しく 考えられている ロボットの 一つに、どのような ものが ありますか。

（にもつ）を（家）に とどけて くれる もの。

(2) (い)この ロボットは、ひとりで どこを はしりますか。

どうろ

2の 文しょうを 読んで、答えましょう。

(1) (う)まっている 人と ありますが、何を まっている 人ですか。

にもつ を まっている 人

(2) (え)何日も まつ ことに なるかも しれないのは、なぜですか。○を つけましょう。

（○）とどける 人が 足りないから。
（　）ロボットが 足りないから。

60

59頁

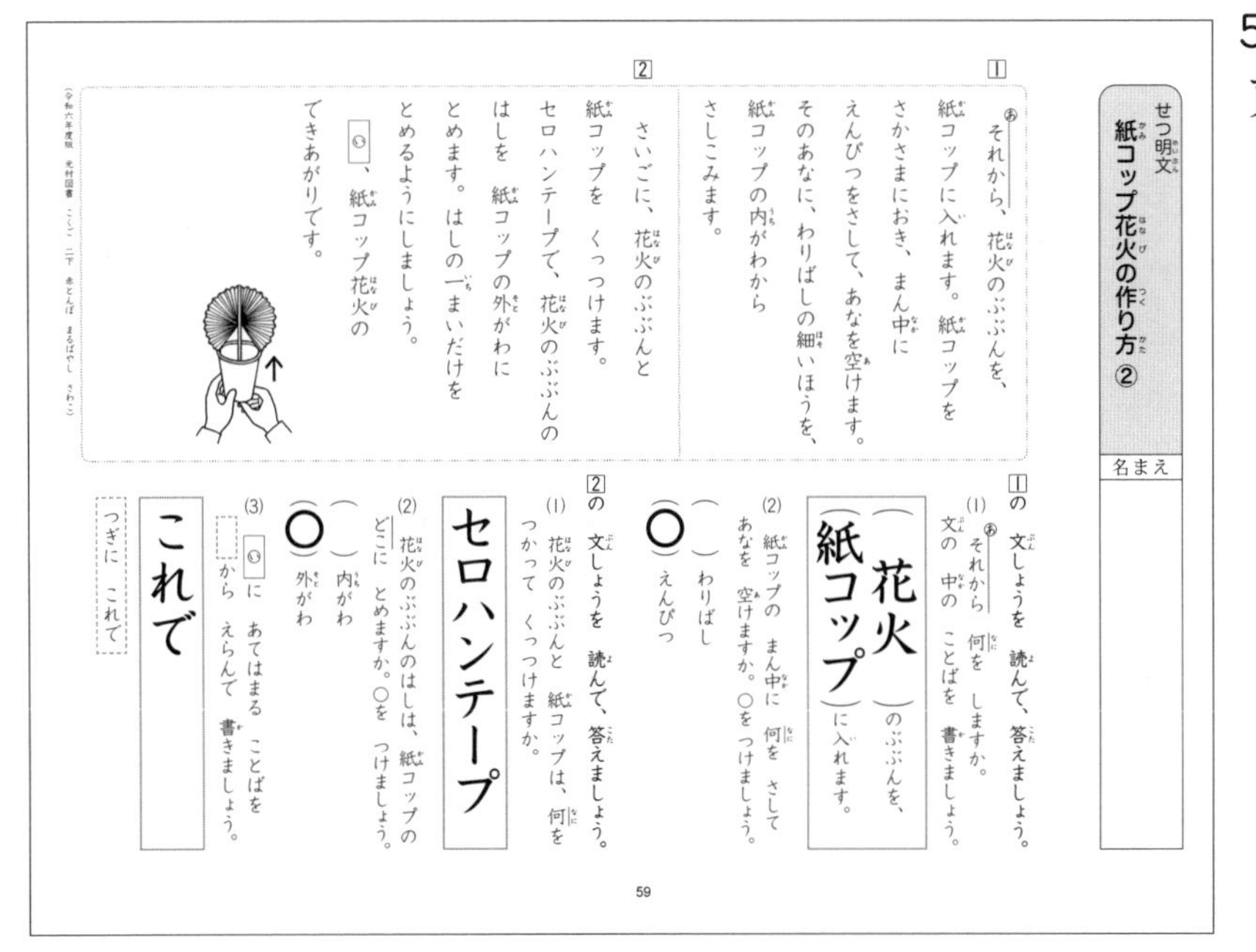

せつ明文 紙コップ花火の作り方 ②

名まえ

1

(あ)それから、花火のぶぶんを、
紙コップに入れます。紙コップを
さかさまにおき、まん中に
えんぴつをさして、あなを空けます。
そのあなに、わりばしの細いほうを、
紙コップの内がわから
さしこみます。

2

さいごに、花火のぶぶんと
紙コップを くっつけます。
セロハンテープで、花火のぶぶんの
はしを 紙コップの外がわに
とめます。はしの一まいだけを
とめるようにしましょう。
(い)、紙コップ花火の
できあがりです。

(令和六年度版 光村図書 こくご 二下 赤とんぼ まるばやし さわこ)

1の 文しょうを 読んで、答えましょう。

(1) (あ)それから 何を しますか。文の 中の ことばを 書きましょう。

（花火）の ぶぶんを、（紙コップ）に 入れます。

(2) 紙コップの まん中に 何を さして あなを 空けますか。○を つけましょう。

（　）わりばし
（○）えんぴつ

2の 文しょうを 読んで、答えましょう。

(1) 花火の ぶぶんと 紙コップは、何を つかって くっつけますか。

セロハンテープ

(2) 花火の ぶぶんの はしは、紙コップの どこに とめますか。○を つけましょう。

（　）内がわ
（○）外がわ

(3) (い)に あてはまる ことばを [つぎに・これで] から えらんで 書きましょう。

これで

59

61頁

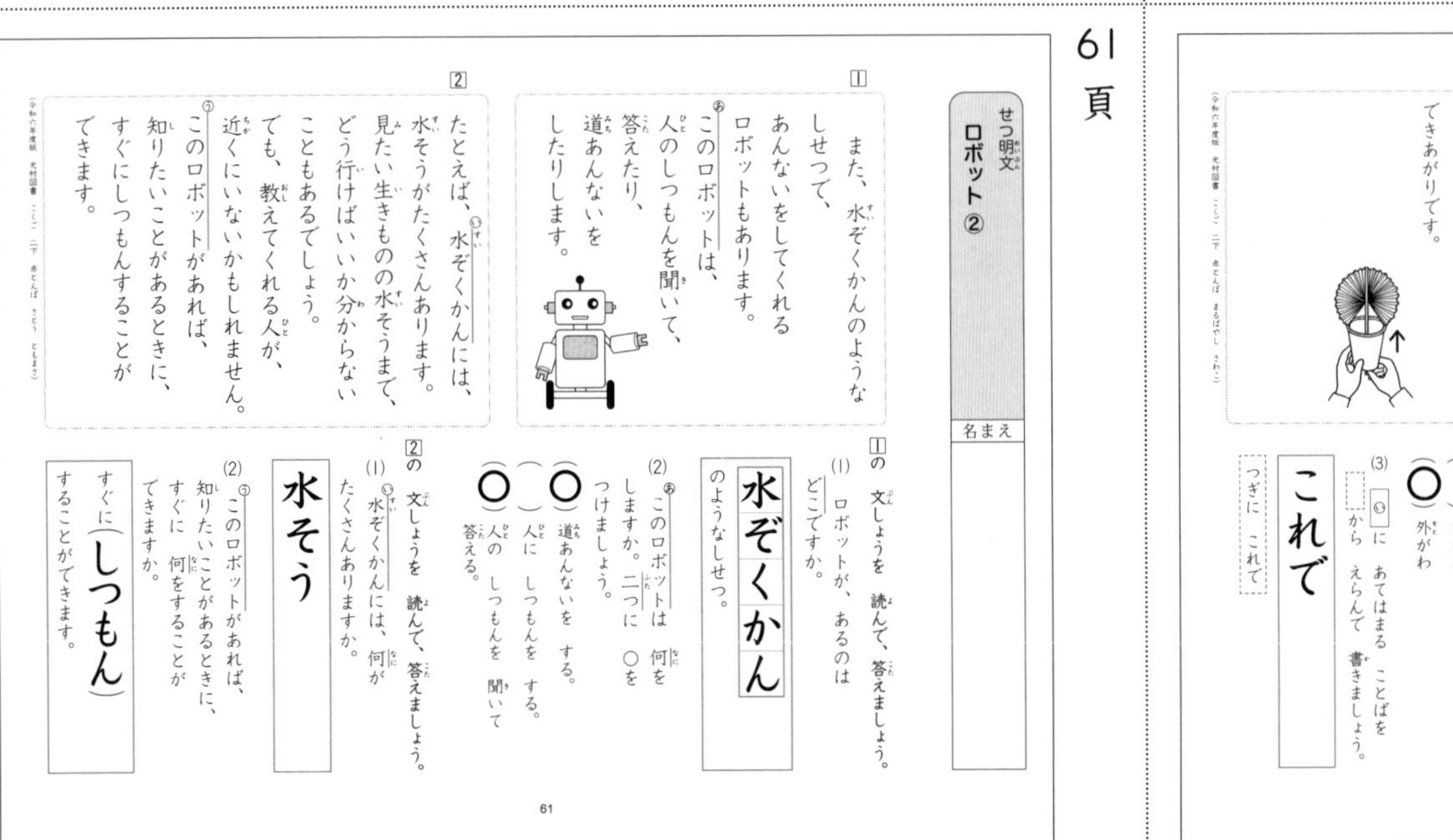

せつ明文 ロボット ②

名まえ

1

また、水ぞくかんのような
しせつで、
あんないをしてくれる
ロボットもあります。
(あ)このロボットは、
人のしつもんを聞いて、
答えたり、
道あんないを
したりします。

2

たとえば、(い)水ぞくかんには、
水そうがたくさんあります。
見たい生きものの水そうまで、
どう行けばいいか分からない
こともあるでしょう。
でも、教えてくれる人が、
近くにいないかもしれません。
(う)このロボットがあれば、
知りたいことがあるときに、
すぐにしつもんすることが
できます。

(令和六年度版 光村図書 こくご 二下 赤とんぼ さとう ともまさ)

1の 文しょうを 読んで、答えましょう。

(1) ロボットが、あるのは どこですか。

水ぞくかん のような しせつ。

(2) (あ)この ロボットは 何を しますか。二つに ○を つけましょう。

（○）道あんないを する。
（　）人に しつもんを する。
（○）人の しつもんを 聞いて 答える。

2の 文しょうを 読んで、答えましょう。

(1) (い)水ぞくかんには、何が たくさん ありますか。

水そう

(2) (う)この ロボットが あれば、知りたい ことが ある ときに、すぐに 何を する ことが できますか。

すぐに（しつもん）する ことが できます。

61

※児童に取り組ませる前に、必ず先生が問題を解いてください。本書の解答や指導にあたっては、あくまで１つの例です。児童の多様な考えに寄り添って、○つけをお願いします。

※ワークシートと解答例は、学習する児童の実態にあわせて拡大してお使いください。

62 頁

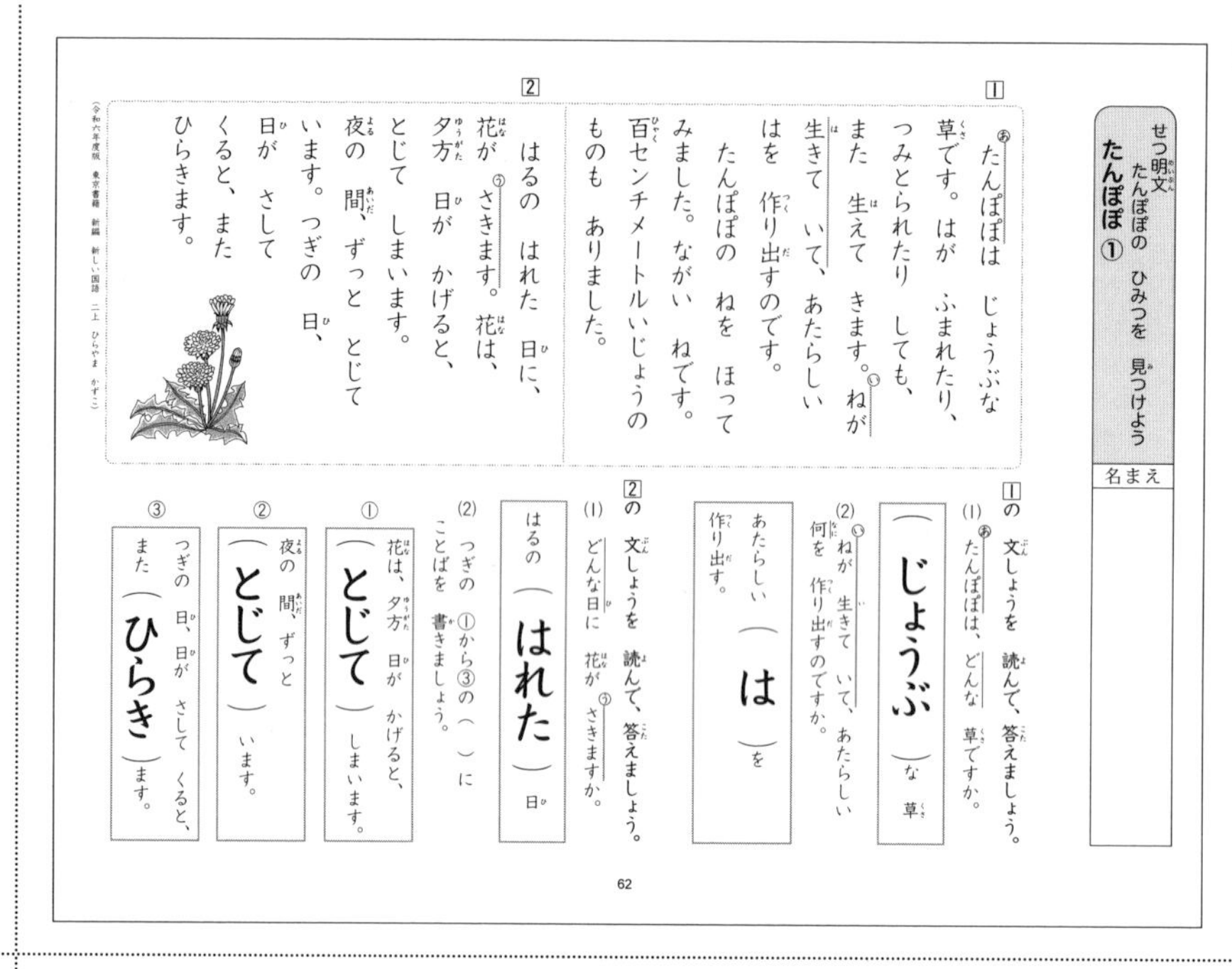

せつ明文 たんぽぽの ひみつを 見つけよう

たんぽぽ ①

名まえ

1

あ たんぽぽは じょうぶな 草です。はが ふまれたり、つみとられたり しても、また 生えて きます。ねが 生きて いて、あたらしい はを 作り出すのです。

たんぽぽの ねを ほって みました。ながい ねです。百センチメートルいじょうの ものも ありました。

2

はるの はれた 日に、花が い さきます。花は、夕方 日が かげると、とじて しまいます。夜の 間、ずっと とじて います。つぎの 日、日が さして くると、また ひらきます。

1 の 文しょうを 読んで、答えましょう。

(1) あ たんぽぽは、どんな 草ですか。
（じょうぶ）な 草

(2) ねが 生きて いて、何を 作り出すのですか。
あたらしい（は）を 作り出す。

2 の 文しょうを 読んで、答えましょう。

(1) どんな日に 花が い さきますか。
はるの（はれた）日

(2) つぎの ①から③の（ ）に ことばを 書きましょう。

① 花は、夕方 日が かげると、（とじて）しまいます。

② 夜の 間、ずっと（とじて）います。

③ つぎの 日、日が さして くると、また（ひらき）ます。

62

64 頁

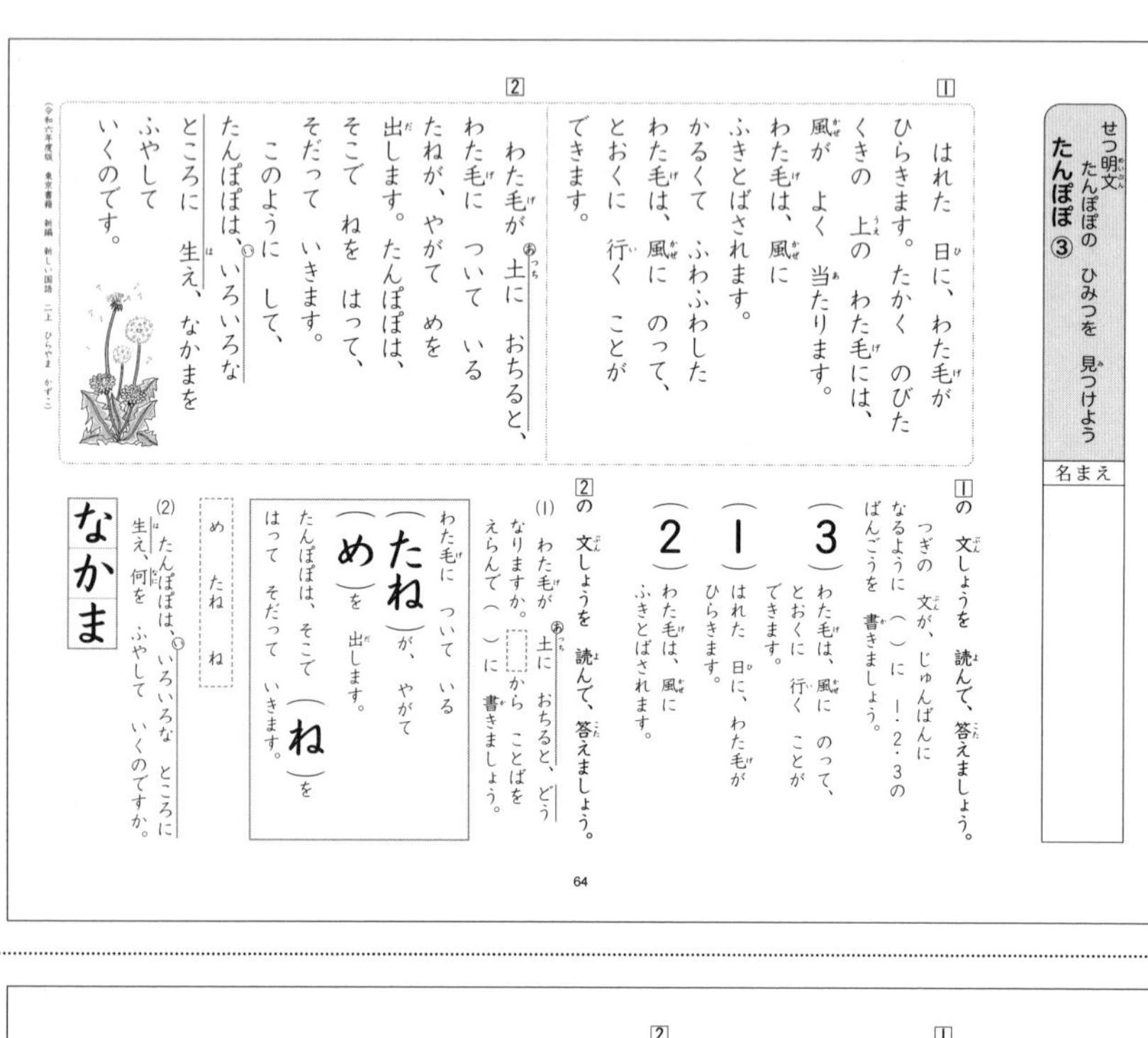

せつ明文 たんぽぽの ひみつを 見つけよう

たんぽぽ ③

名まえ

1

はれた 日に、わた毛が ひらきます。たかく のびた くきの 上の わた毛には、風が よく 当たります。わた毛は、風に ふきとばされます。かるくて ふわふわした わた毛は、風に のって、とおくに 行く ことが できます。

2

わた毛が あ 土に おちると、わた毛に ついて いる たねが、やがて めを 出します。そこで ねを はって、そだって いきます。

このように して、たんぽぽは、い いろいろな ところに 生え、なかまを ふやして いくのです。

1 の 文しょうを 読んで、答えましょう。

つぎの 文が、じゅんばんに なるように（ ）に 1・2・3の ばんごうを 書きましょう。

（3）わた毛は、風に のって、とおくに 行く ことが できます。

（1）はれた 日に、わた毛が ひらきます。

（2）わた毛は、風に ふきとばされます。

2 の 文しょうを 読んで、答えましょう。

(1) わた毛が あ 土に おちると、どう なりますか。[ ]から ことばを えらんで（ ）に 書きましょう。

わた毛に ついて いる（たね）が、やがて（め）を 出します。
たんぽぽは、そこで（ね）を はって そだって いきます。

[め たね ね]

(2) たんぽぽは、い いろいろな ところに 生え、何を ふやして いくのですか。

なかま

64

63 頁

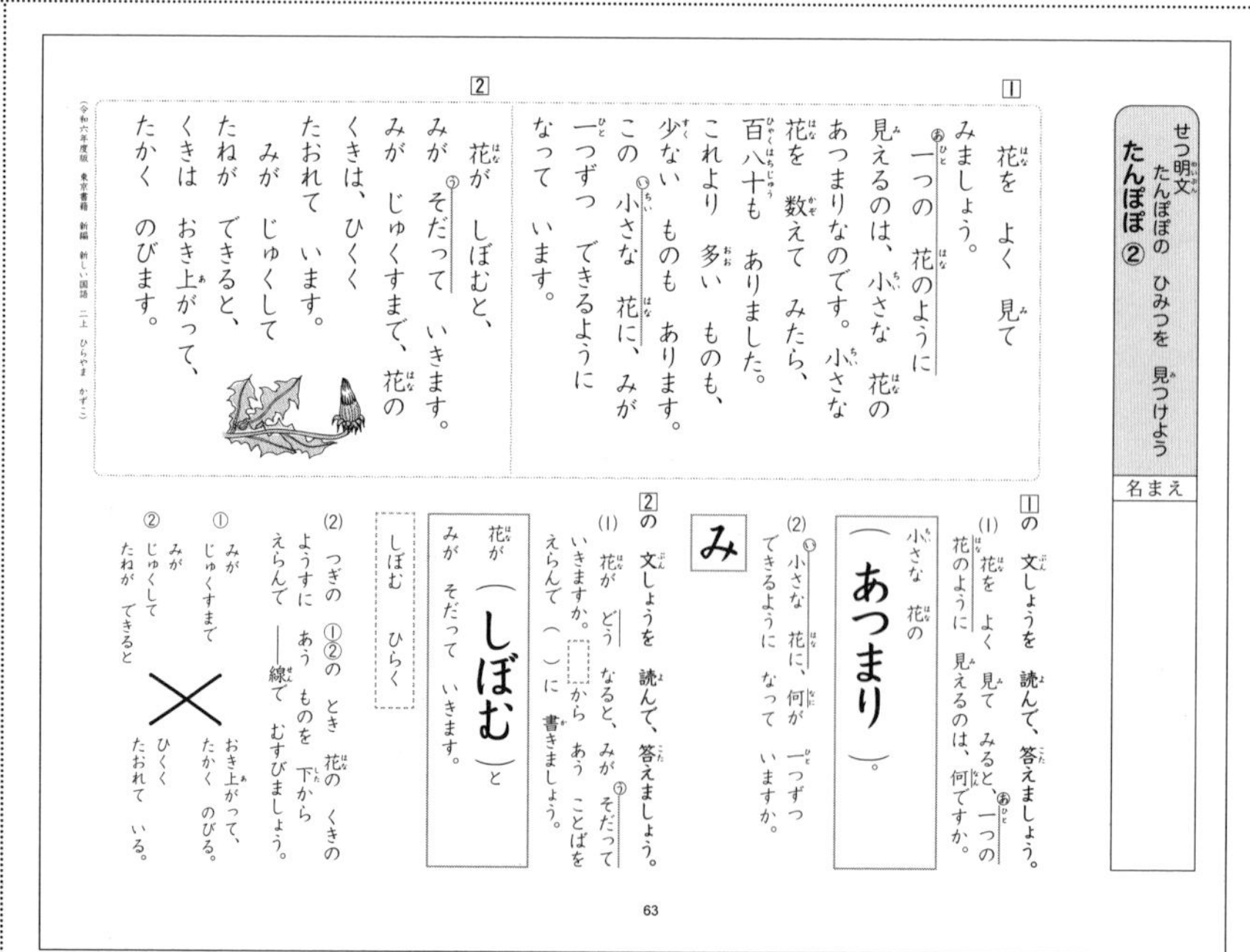

せつ明文 たんぽぽの ひみつを 見つけよう

たんぽぽ ②

名まえ

1

花を よく 見て みましょう。あ 一つの 花のように 見えるのは、小さな 花の あつまりなのです。小さな 花を 数えて みたら、百八十も ありました。

これより 多い ものも、少ない ものも あります。この い 小さな 花に、みが 一つずつ できるように なって います。

2

花が しぼむと、みが う そだって いきます。みが じゅくすまで、花の くきは、ひくく たおれて います。みが じゅくして たねが できると、くきは おき上がって、たかく のびます。

1 の 文しょうを 読んで、答えましょう。

(1) 花を よく 見て みると、あ 一つの 花のように 見えるのは、何ですか。
小さな 花の（あつまり）。

(2) い 小さな 花に、何が 一つずつ できるように なって いますか。
み

2 の 文しょうを 読んで、答えましょう。

(1) 花が どう なると、みが う そだって いきますか。[ ]から えらんで（ ）に ことばを 書きましょう。

花が（しぼむ）と みが そだって いきます。

[しぼむ ひらく]

(2) つぎの ①②の とき 花の くきの ようすに あう ものを 下から えらんで ——線で むすびましょう。

① みが じゅくすまで　　　おき上がって、たかく のびる。

② みが じゅくして たねが できると　　　ひくく たおれて いる。

63

65 頁

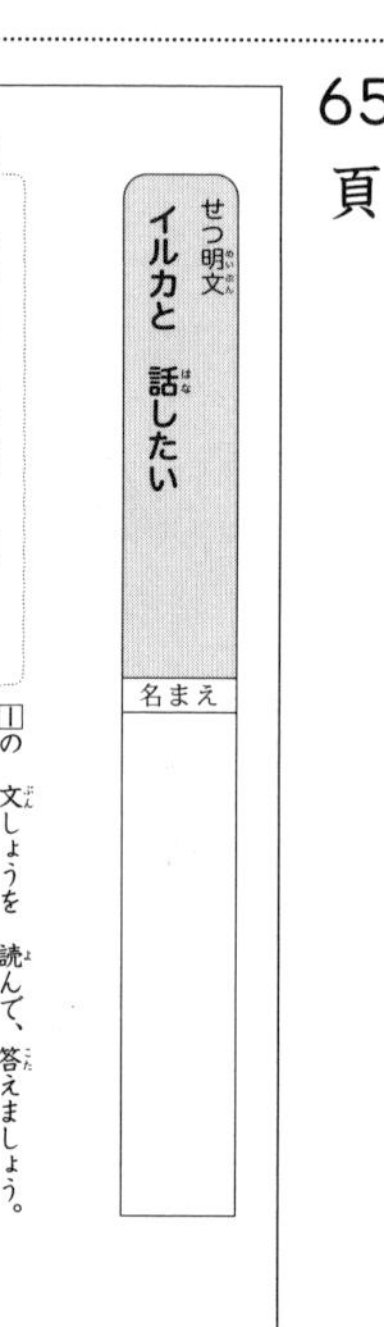

せつ明文

イルカと 話したい

名まえ

1

わたしの ゆめは、イルカと 話す こと。その ために、水ぞくかんで シロイルカの 「ナック」と けんきゅうを して います。

2

あ 人は、あたらしい ことばを おぼえる とき、まず その ことばを まねして みますよね。そこで、ナックにも 人の ことばを まねさせて みる ことに しました。もし、まねが できれば、人の ことばで 会話が できるのでは ないかと 考えたのです。

さいしょは 「ピー」と いう 音から はじめましたが、う、「おはよう」や 「ぴよぴよ」など、人の ことばと にて いる 音で こたえて くれるように なりました。

1 の 文しょうを 読んで、答えましょう。

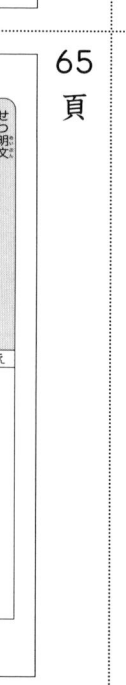

(1) わたしの ゆめは、どんな ことですか。
（イルカと 話す）こと

(2) わたしは、どこで、けんきゅうを して いますか。
水ぞくかん

2 の 文しょうを 読んで、答えましょう。

(1) あ 人は、あたらしい ことばを おぼえる とき、まず 何を して みますか。
ことばを（まねして）みます。

(2) う には、どのような ことばが 入りますか。○を つけましょう。
（ ）はじめは
（○）今では

(3) ナックは、どんな 音で こたえて くれるように なりましたか。
人のことば と にて いる 音。

65

解答例

※ワークシートと解答例は、学習する児童の実態にあわせて拡大してお使いください。

66頁

68頁

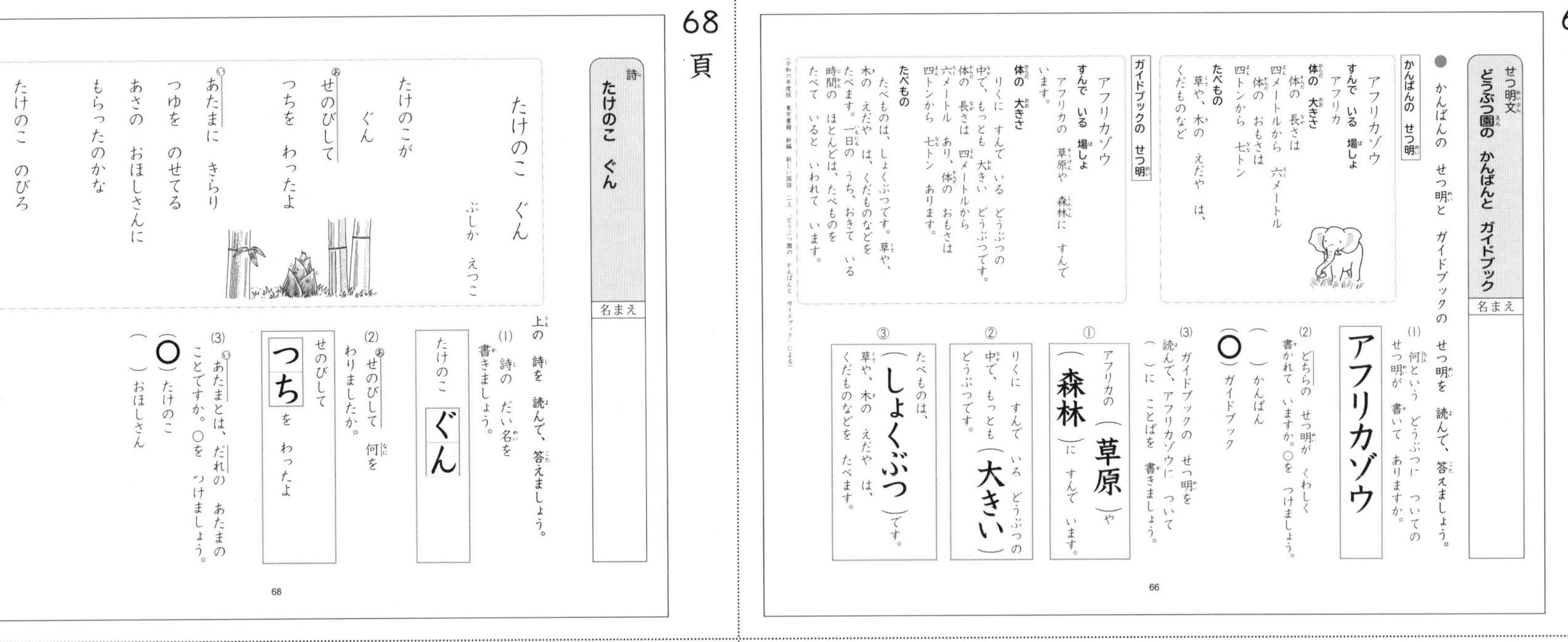

せつ明文 どうぶつ園の かんばんと ガイドブック

名まえ

● かんばんの せつ明と、ガイドブックの せつ明を 読んで、答えましょう。

かんばんの せつ明

アフリカゾウ
すんで いる 場しょ
アフリカ
体の 大きさ
体の 長さは
四メートルから 六メートル
体の おもさは
四トンから 七トン
たべもの
草や、木の えだや は、
くだものなど

ガイドブックの せつ明

アフリカゾウ
すんで いる 場しょ
アフリカの 草原や 森林に すんで います。
体の 大きさ
りくに すんで いる どうぶつの 中で、もっとも 大きい どうぶつです。体の 長さは 四メートルから 六メートル、体の おもさは 四トンから 七トン あります。
たべもの
たべものは、しょくぶつです。草や、木の えだや は、くだものなどを たべます。一日の うち、おきて いる 時間の ほとんどは、たべものを たべて いると いわれて います。

（令和六年度版 東京書籍 新編 新しい国語 二上「どうぶつ園の かんばんと ガイドブック」による）

(1) 何と いう どうぶつに ついての せつ明が 書いて ありますか。
アフリカゾウ

(2) どちらの せつ明が くわしく 書かれて いますか。○を つけましょう。
（　）かんばん
（○）ガイドブック

(3) ガイドブックの せつ明を 読んで、アフリカゾウに ついて（　）に ことばを 書きましょう。
① アフリカの（草原）や（森林）に すんで います。
② りくに すんで いる どうぶつの 中で、もっとも（大きい）どうぶつです。
③ たべものは、（しょくぶつ）です。草や、木の えだや は、くだものなどを たべます。

66

詩 たけのこ ぐん

名まえ

たけのこ ぐん　ぶしか えつこ

たけのこが
ぐん
㋐せのびして
つちを わったよ
㋑あたまに きらり
つゆを のせてる
あさの おほしさんに
もらったのかな
たけのこ のびろ
ぐん

（令和六年度版 東京書籍 新編 新しい国語 二上 ぶしか えつこ）

上の 詩を 読んで、答えましょう。

(1) 詩の だい名を 書きましょう。
たけのこ　ぐん

(2) ㋐せのびして 何を わりましたか。
せのびして　つち を わったよ

(3) ㋑あたまとは、だれの あたまの ことですか。○を つけましょう。
（○）たけのこ
（　）おほしさん

68

69頁

67頁

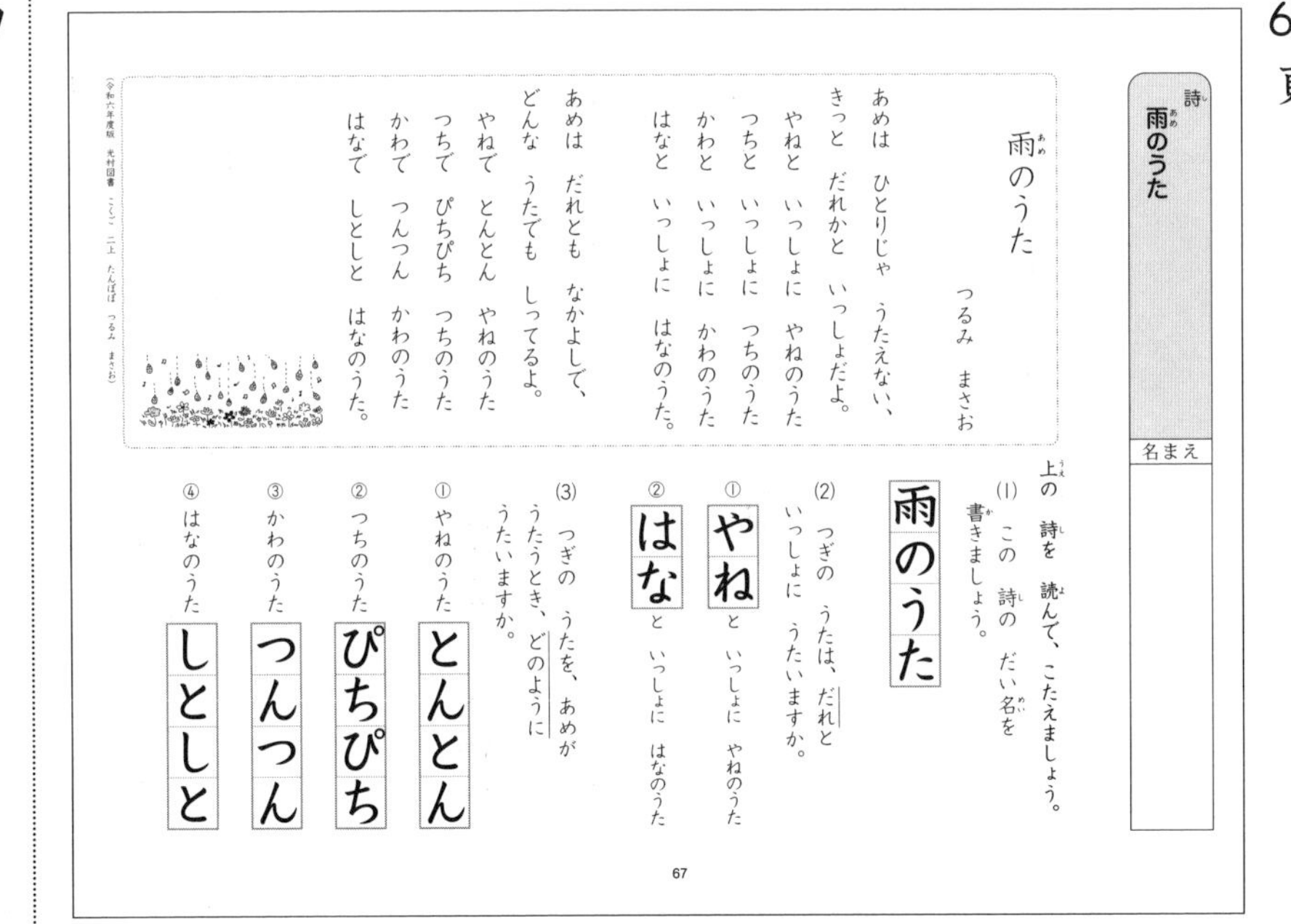

詩 雨のうた

名まえ

雨のうた　つるみ まさお

あめは ひとりじゃ うたえない、
きっと だれかと いっしょだよ。
やねと いっしょに やねのうた
つちと いっしょに つちのうた
かわと いっしょに かわのうた
はなと いっしょに はなのうた。

あめは だれとも なかよしで、
どんな うたでも しってるよ。
やねで とんとん やねのうた
つちで ぴちぴち つちのうた
かわで つんつん かわのうた
はなで しとしと はなのうた。

（令和六年度版 光村図書 こくご 二上 たんぽぽ つるみ まさお）

上の 詩を 読んで、こたえましょう。

(1) この 詩の だい名を 書きましょう。
雨のうた

(2) つぎの うたは、だれと いっしょに うたいますか。
① やね と いっしょに やねのうた
② はな と いっしょに はなのうた

(3) つぎの うたを、あめが うたうとき、どのように うたいますか。
① やねのうた　とんとん
② つちのうた　ぴちぴち
③ かわのうた　つんつん
④ はなのうた　しとしと

67

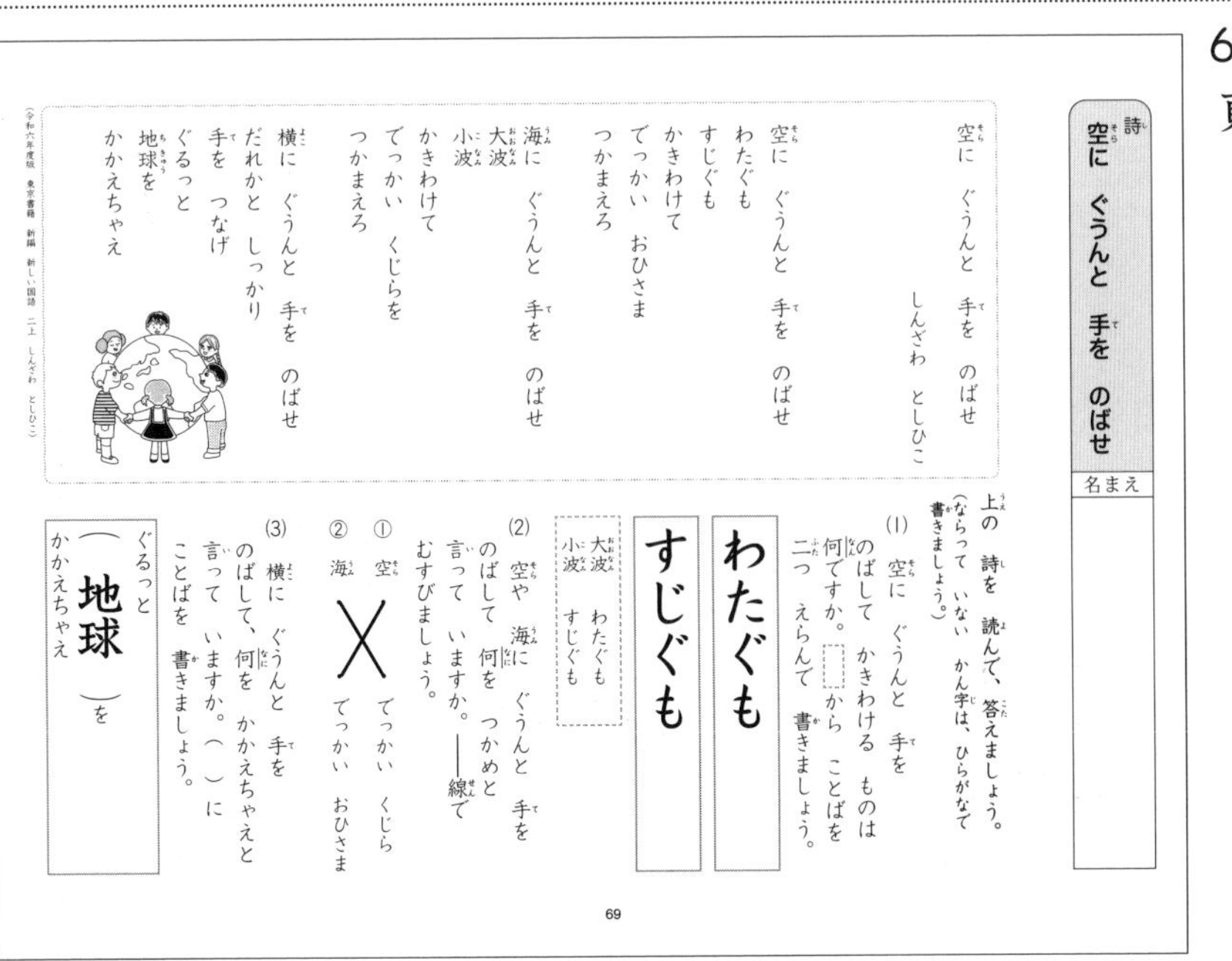

詩 空に ぐうんと 手を のばせ

名まえ

空に ぐうんと 手を のばせ　しんざわ としひこ

空に ぐうんと 手を のばせ
わたぐも
すじぐも
かきわけて
でっかい おひさま
つかまえろ

海に ぐうんと 手を のばせ
大波
小波
かきわけて
でっかい くじらを
つかまえろ

横に ぐうんと 手を のばせ
だれかと しっかり
手を つなげ
ぐるっと
地球を
かかえちゃえ

（令和六年度版 東京書籍 新編 新しい国語 二上 しんざわ としひこ）

上の 詩を 読んで、答えましょう。（ならって いない かん字は、ひらがなで 書きましょう。）

(1) 空に ぐうんと 手を のばして かきわける ものは 何ですか。□から ことばを 二つ えらんで 書きましょう。
［大波　小波　わたぐも　すじぐも］
わたぐも
すじぐも

(2) 空や 海に ぐうんと 手を のばして 何を つかめと 言って いますか。――線で むすびましょう。
① 空　　② 海
・でっかい くじら
・でっかい おひさま

(3) 横に ぐうんと 手を のばして、何を かかえちゃえと 言って いますか。（　）に ことばを 書きましょう。
ぐるっと（地球）を かかえちゃえ

69

※児童に取り組ませる前に、必ず先生が問題を解いてください。本書の解答や指導にあたっては、あくまで１つの例です。児童の多様な考えに寄り添って、○つけをお願いします。

解答例

※ワークシートと解答例は、学習する児童の実態にあわせて拡大してお使いください。

70頁

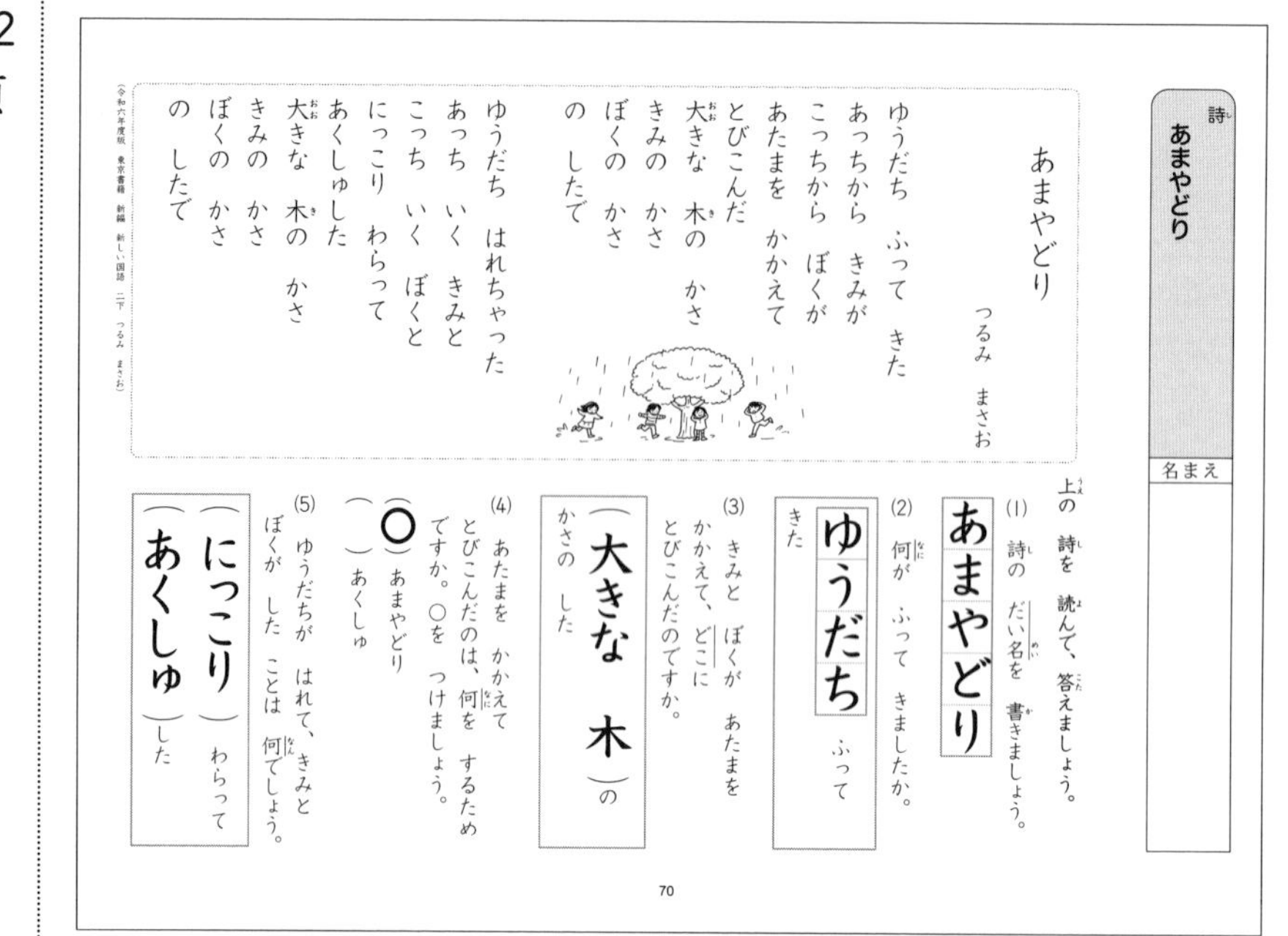

詩　あまやどり　名まえ

あまやどり　つるみ　まさお

ゆうだち　ふって　きた
あっちから　きみが
こっちから　ぼくが
あたまを　かかえて
とびこんだ
大きな　木の　かさ
きみの　かさ
ぼくの　かさ
の　したで

ゆうだち　はれちゃった
あっち　いく　きみと
こっち　いく　ぼくと
にっこり　わらって
あくしゅした
大きな　木の　かさ
きみの　かさ
ぼくの　かさ
の　したで

上の　詩を　読んで、答えましょう。

(1) 詩の　だい名を　書きましょう。
あまやどり

(2) 何が　ふって　きましたか。
ゆうだち　ふって　きた

(3) きみと　ぼくが　あたまを　かかえて　とびこんだのは、どこに　とびこんだのですか。
（大きな　木）の　かさの　した

(4) あたまを　かかえて　とびこんだのは、何を　するためですか。○を　つけましょう。
（○）あまやどり
（　）あくしゅ

(5) ゆうだちが　はれて、きみと　ぼくが　した　ことは　何でしょう。
（にっこり）わらって
（あくしゅ）した

70

71頁

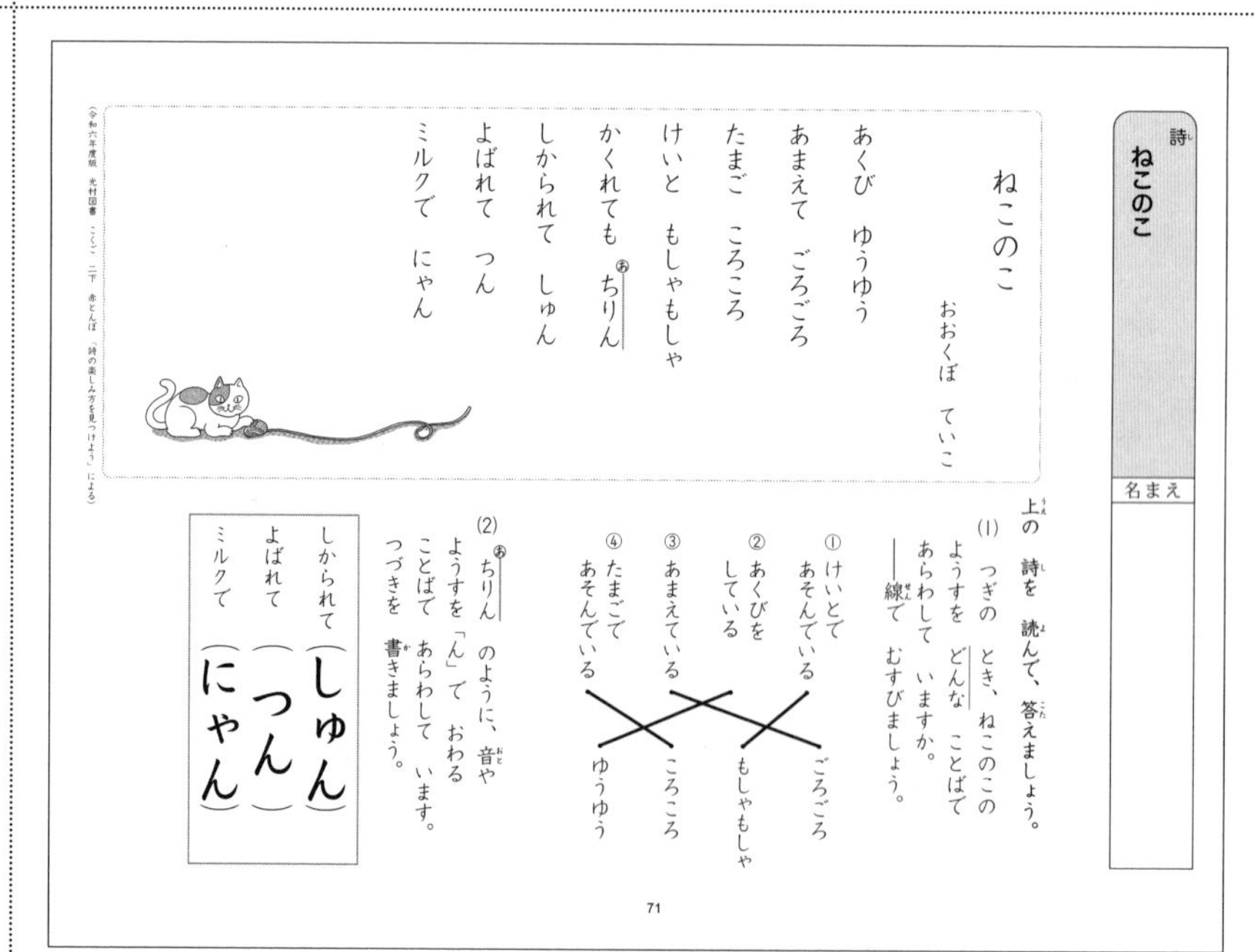

詩　ねこのこ　名まえ

ねこのこ　おおくぼ　ていこ

あくび　ゆうゆう
あまえて　ごろごろ
たまご　ころころ
けいと　もしゃもしゃ
かくれても　㋐ちりん
しかられて　しゅん
よばれて　つん
ミルクで　にゃん

上の　詩を　読んで、答えましょう。

(1) つぎの　とき、ねこのこの　ようすを　どんな　ことばで　あらわして　いますか。——線で　むすびましょう。
① けいとで　あそんでいる
② あくびを　している
③ あまえている
④ たまごで　あそんでいる

ごろごろ
もしゃもしゃ
ころころ
ゆうゆう

(2) ㋐ちりん　のように、音や　ようすを「ん」で　おわる　ことばで　あらわして　います。つづきを　書きましょう。
しかられて（しゅん）
よばれて（つん）
ミルクで（にゃん）

71

72頁

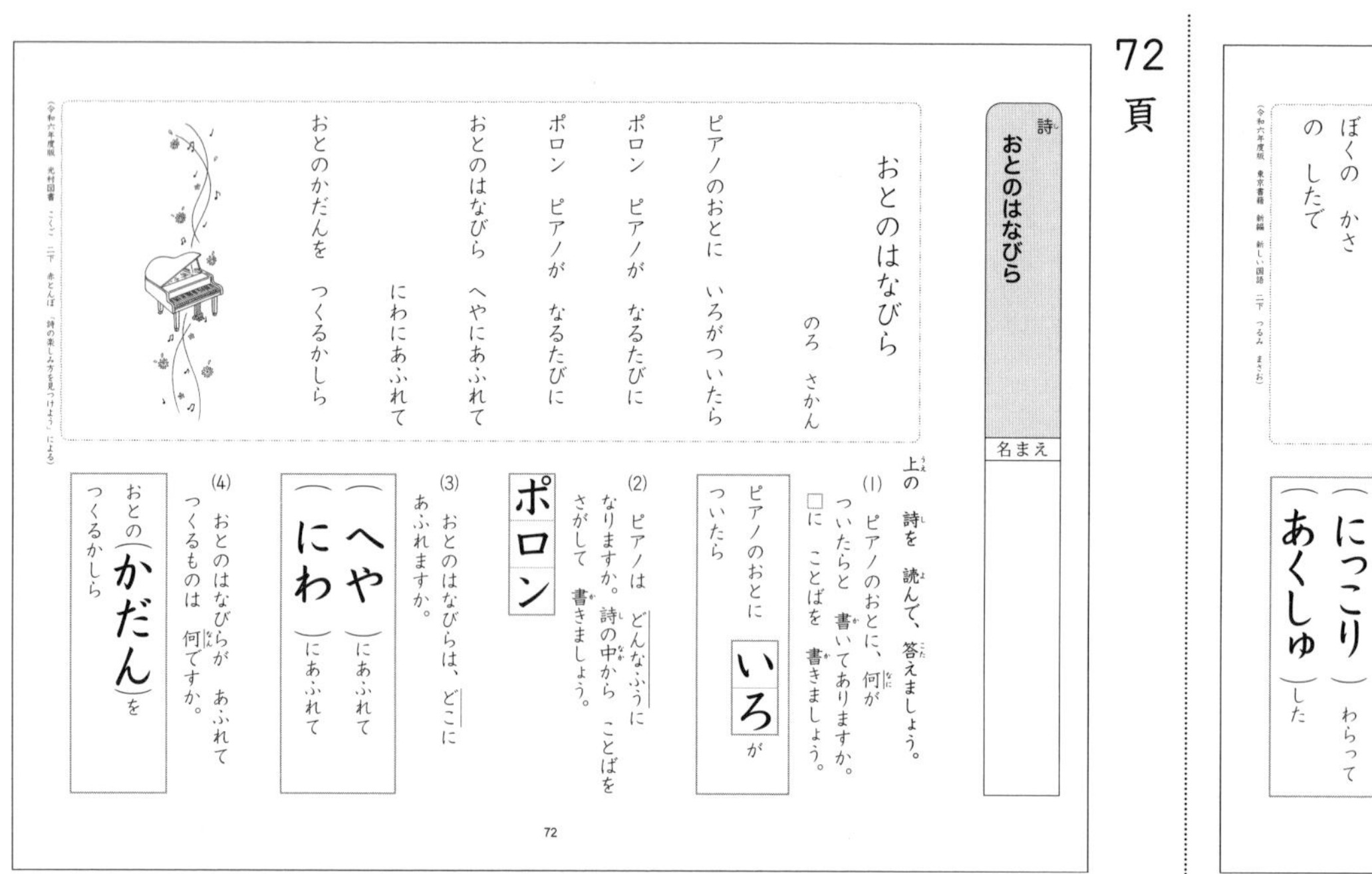

詩　おとのはなびら　名まえ

おとのはなびら　のろ　さかん

ピアノのおとに　いろがついたら

ポロン　ピアノが　なるたびに
ポロン　ピアノが　なるたびに

おとのはなびら　へやにあふれて
にわにあふれて
おとのかだんを　つくるかしら

上の　詩を　読んで、答えましょう。

(1) ピアノのおとに、何が　ついたらと　書いてありますか。□に　ことばを　書きましょう。
ピアノのおとに　いろ　が　ついたら

(2) ピアノは　どんなふうに　なりますか。詩の中から　ことばを　さがして　書きましょう。
ポロン

(3) おとのはなびらは、どこに　あふれますか。
（へや）にあふれて
（にわ）にあふれて

(4) おとのはなびらが　あふれて　つくるものは　何ですか。
おとの（かだん）を　つくるかしら

72

73頁

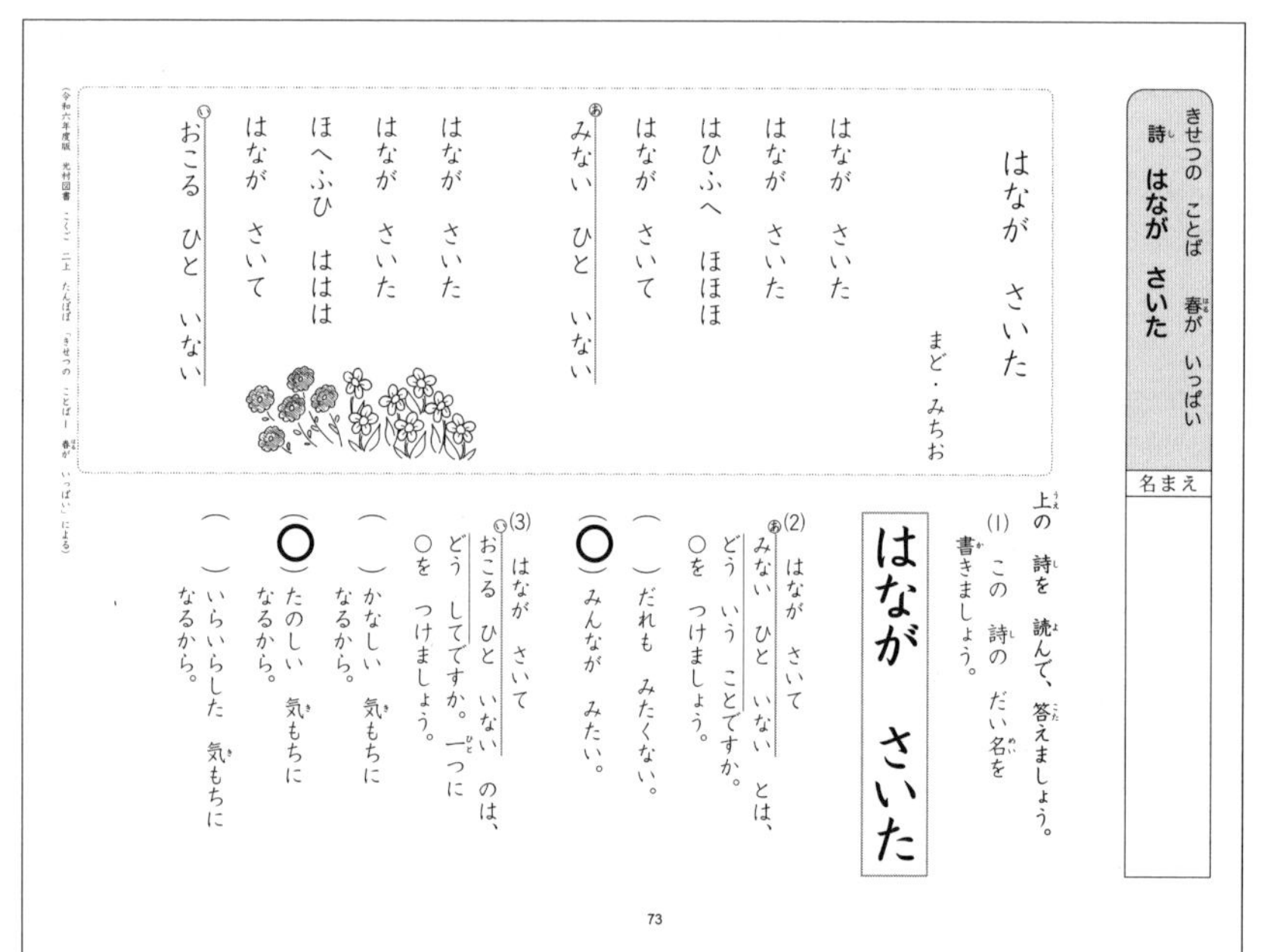

きせつの　ことば　春が　いっぱい
詩　はなが　さいた　名まえ

はなが　さいた　まど・みちお

はなが　さいた
はなが　さいた
はなが　さいた
はひふへ　ほほほ
はなが　さいて
㋐みない　ひと　いない

はなが　さいた
はなが　さいた
ほへふひ　はははは
はなが　さいて
㋑おこる　ひと　いない

上の　詩を　読んで、答えましょう。

(1) この　詩の　だい名を　書きましょう。
はなが　さいた

(2) ㋐はなが　さいて　みない　ひと　いない　とは、どう　いう　ことですか。○を　つけましょう。
（　）だれも　みたくない。
（○）みんなが　みたい。

(3) ㋑はなが　さいて　おこる　ひと　いない　のは、どう　してですか。一つに　○を　つけましょう。
（　）かなしい　気もちに　なるから。
（○）たのしい　気もちに　なるから。
（　）いらいらした　気もちに　なるから。

73

※児童に取り組ませる前に、必ず先生が問題を解いてください。本書の解答や指導にあたっては、あくまで1つの例です。児童の多様な考えに寄り添って、○つけをお願いします。

解答例

※ワークシートと解答例は、学習する児童の実態にあわせて拡大してお使いください。

74頁

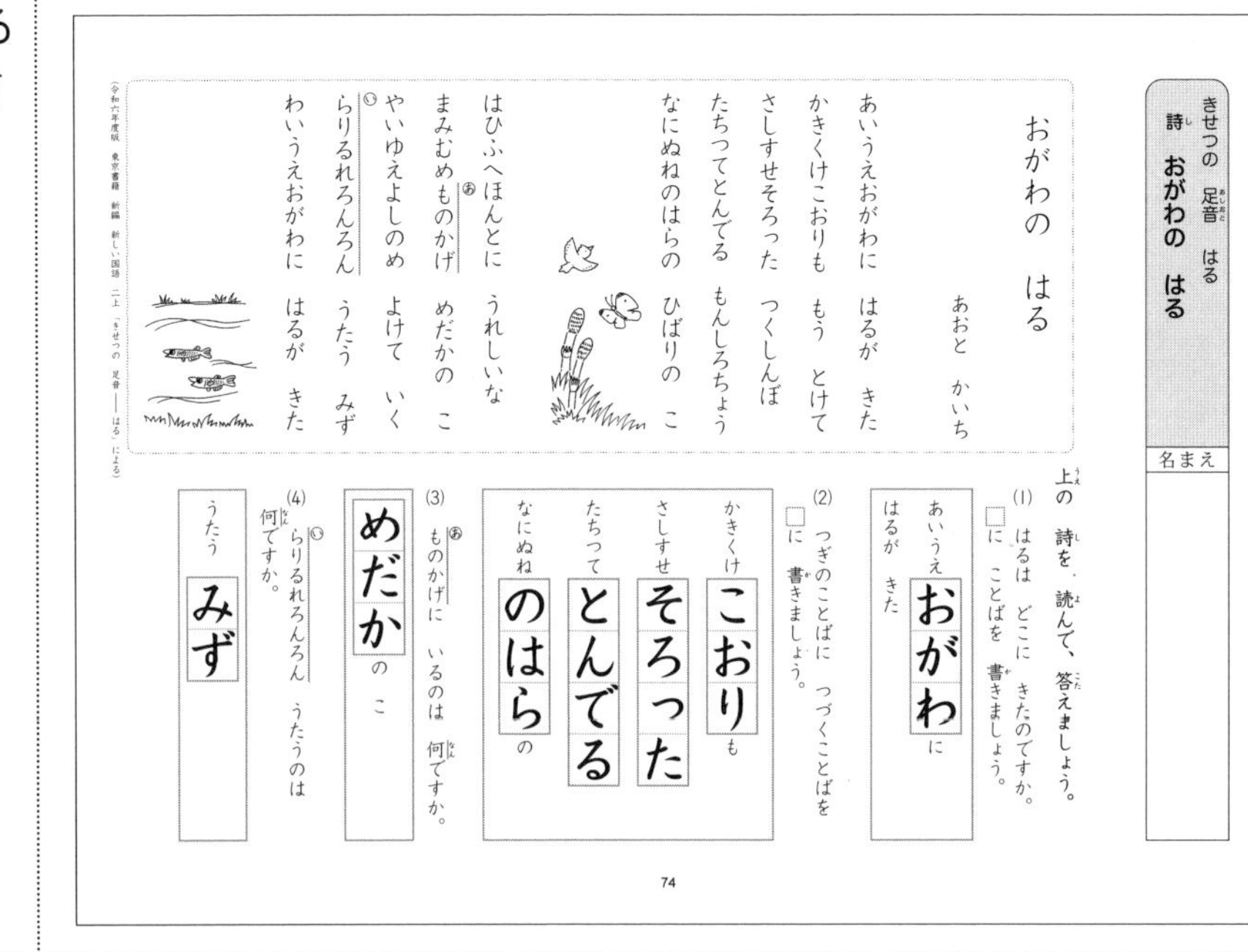

きせつの 足音 はる

詩 おがわの はる

名まえ

おがわの はる

あおと かいち

あいうえおがわに　はるが　きた
かきくけこおりも　もう　とけて
さしすせそろった　つくしんぼ
たちつてとんでる　もんしろちょう
なにぬねのはらの　ひばりの　こ
はひふへほんとに　うれしいな
まみむめ㋐ものかげ　めだかの　こ
やいゆえよしのめ　よけて　いく
㋑らりるれろんろん　うたう　みず
わいうえおがわに　はるが　きた

（令和六年度版　東京書籍　新編　新しい国語　二上「きせつの　足音――はる」による）

上の 詩を、読んで、答えましょう。

(1) はるは どこに きたのですか。□に ことばを 書きましょう。

あいうえ **おがわ** に
はるが きた

(2) つぎの ことばに つづく ことばを □に 書きましょう。

かきくけ **こおり** も
さしすせ **そろった**
たちつて **とんでる**
なにぬね **のはら** の

(3) ㋐ものかげに いるのは 何ですか。

めだか の こ

(4) ㋑らりるれろんろん うたうのは 何ですか。

うたう **みず**

74

75頁

きせつの 足音 はる

詩 たんぽぽ

名まえ

たんぽぽ

かわさき ひろし

たんぽぽが
たくさん 飛んで いく
ひとつ ひとつ
みんな 名前が あるんだ
おうい たぽんぽ
おうい ぽぽんた
おうい ぽんたぽ
おうい ぽたぽん
川に 落ちるな

上の 詩を 読んで、答えましょう。

(1) たんぽぽは どんな ようすですか。○を つけましょう。

（○）たんぽぽが たくさん 飛んで いく
（　）たんぽぽが 川に 落ちて いく

(2) たんぽぽの 名前を 四つ 書きましょう。

たぽんぽ
ぽぽんた
ぽんたぽ
ぽたぽん

(3) 詩を かいた 人は たんぽぽに なんと よびかけて いますか。○を つけましょう。

（　）みんな 名前が あるんだ
（○）川に 落ちるな

75

76頁

きせつの ことば 夏が いっぱい

詩 みんみん

名まえ

みんみん

たにかわ しゅんたろう

みんみん　なくのは　せみ
そうっと　ちかづく　あみ
はやしの　むこうに　うみ
きらきら　かがやく　なみ
よびごえ　きこえる　みみ
いちばん　なかよし　きみ
とこやに　いったね　かみ
まっかに　みのった　ぐみ

（令和六年度版　光村図書　こくご　二上　たんぽぽ「きせつの　ことば　夏が　いっぱい」による）

上の 詩を 読んで、答えましょう。

(1) この 詩の だい名を 書きましょう。

みんみん

(2) つぎの 文に あう ことばを えらんで ――線で むすびましょう。

① みんみん なくのは　・みみ
② きらきら かがやく　・せみ
③ よびごえ きこえる　・きみ
④ いちばん なかよし　・なみ

(3) はやしの むこうに あるのは、何ですか。

うみ

(4) まっかに みのったのは、何ですか。

ぐみ

76

77頁

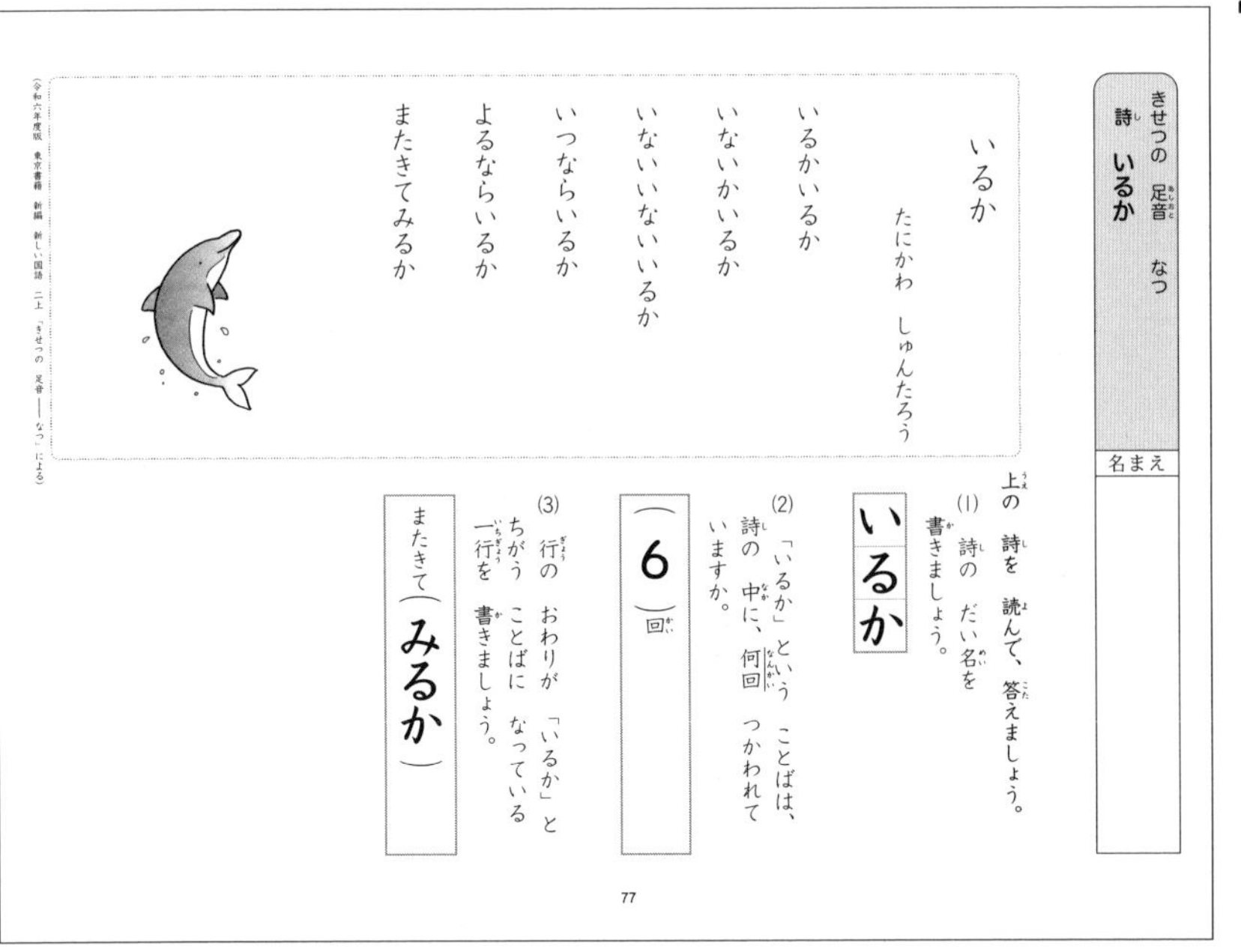

きせつの 足音 なつ

詩 いるか

名まえ

いるか

たにかわ しゅんたろう

いるかいるか
いないかいるか
いないいないいるか
いつならいるか
よるならいるか
またきてみるか

（令和六年度版　東京書籍　新編　新しい国語　二上「きせつの　足音――なつ」による）

上の 詩を 読んで、答えましょう。

(1) 詩の だい名を 書きましょう。

いるか

(2) 「いるか」と いう ことばは、詩の 中に、何回 つかわれて いますか。

（**6**）回

(3) 行の おわりが 「いるか」と ちがう ことばに なっている 一行を 書きましょう。

またきて（**みるか**）

77

※児童に取り組ませる前に、必ず先生が問題を解いてください。本書の解答や指導にあたっては、あくまで１つの例です。児童の多様な考えに寄り添って、○つけをお願いします。

解答例

※ワークシートと解答例は、学習する児童の実態にあわせて拡大してお使いください。

78頁

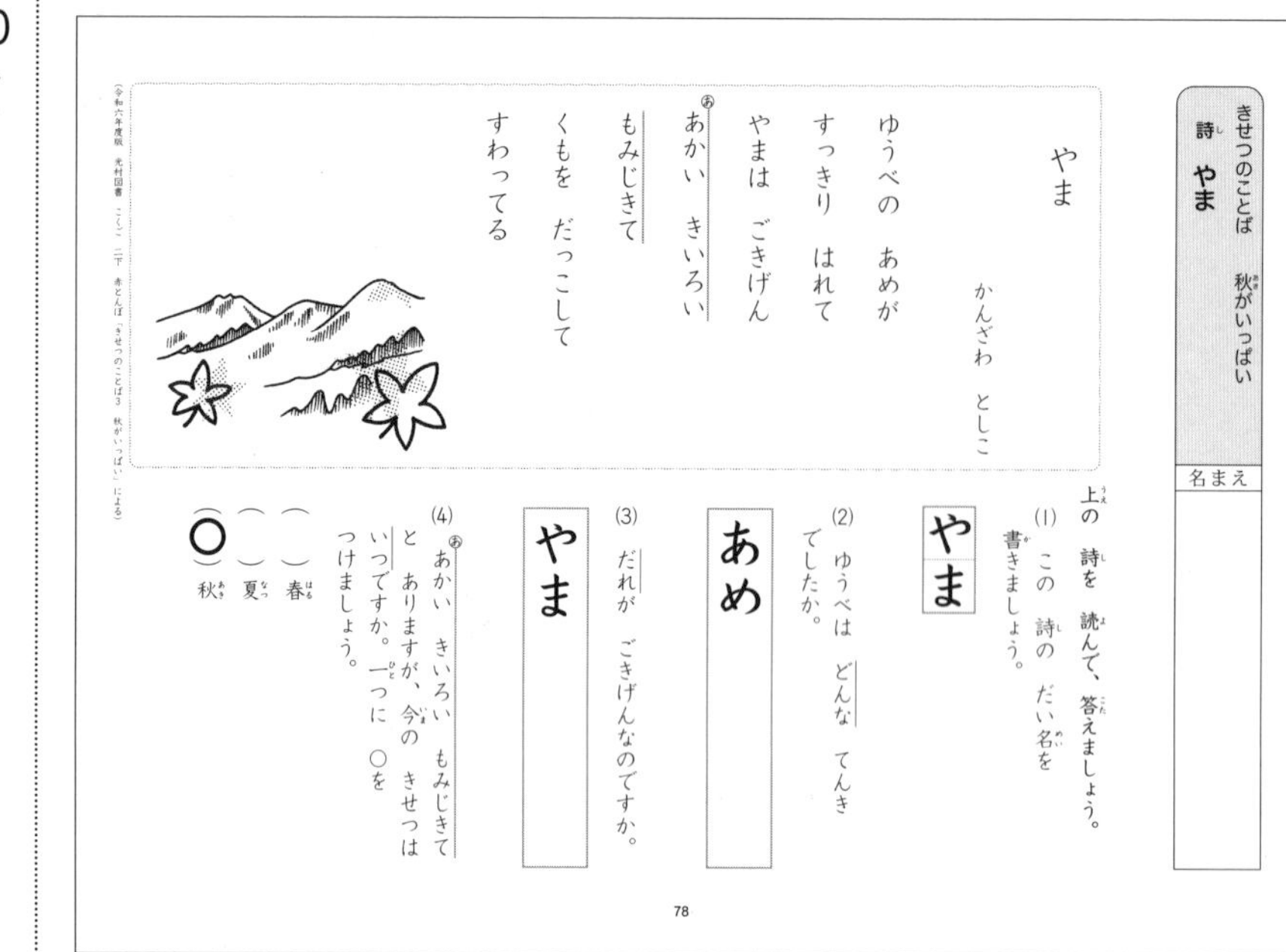

きせつのことば　秋がいっぱい
詩　やま
名まえ

やま　かんざわ　としこ

ゆうべの　あめが
すっきり　はれて
やまは　ごきげん
あかい　きいろい
もみじきて
くもを　だっこして
すわってる

（令和六年度版　光村図書　こくご　二下　赤とんぼ「きせつのことば３　秋がいっぱい」による）

上の　詩を　読んで、答えましょう。

(1) この　詩の　だい名を　書きましょう。
やま

(2) ゆうべは　どんな　てんきでしたか。
あめ

(3) だれが　ごきげんなのですか。
やま

(4) あかい　きいろい　もみじきて　と　ありますが、今の　きせつは　いつですか。一つに　○を　つけましょう。
（　）春
（　）夏
（○）秋

78

79頁

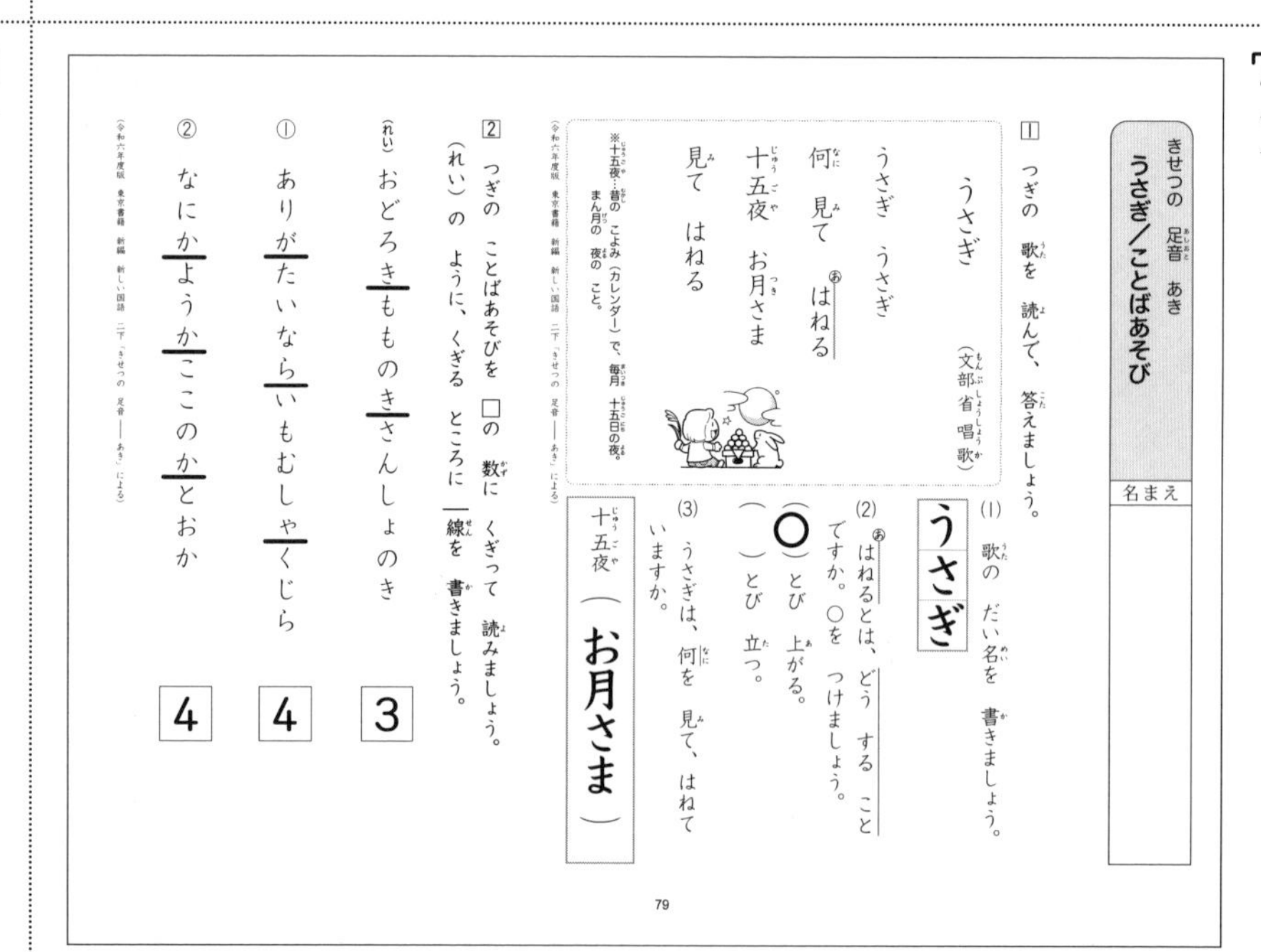

きせつの　足音　あき
うさぎ／ことばあそび
名まえ

1 つぎの　歌を　読んで、答えましょう。

うさぎ　（文部省唱歌）

うさぎ　うさぎ
何見て　はねる
十五夜　お月さま
見て　はねる

※十五夜…昔の　こよみ（カレンダー）で、毎月　十五日の夜。まん月の　夜の　こと。

（令和六年度版　東京書籍　新編　新しい国語　二下　「きせつの　足音　―　あき」による）

(1) 歌の　だい名を　書きましょう。
うさぎ

(2) はねるとは、どう　する　ことですか。○を　つけましょう。
（○）とび　上がる。
（　）とび　立つ。

(3) うさぎは、何を　見て、はねていますか。
十五夜（お月さま）

2 つぎの　ことばあそびを　□の　数に　くぎって　読みましょう。（れい）の　ように、くぎる　ところに　―線を　書きましょう。

（れい）おどろき｜もものき｜さんしょのき　3

① ありが｜たいなら｜いもむしゃ｜くじら　4

② なにか｜ようか｜ここのか｜とおか　4

79

80頁

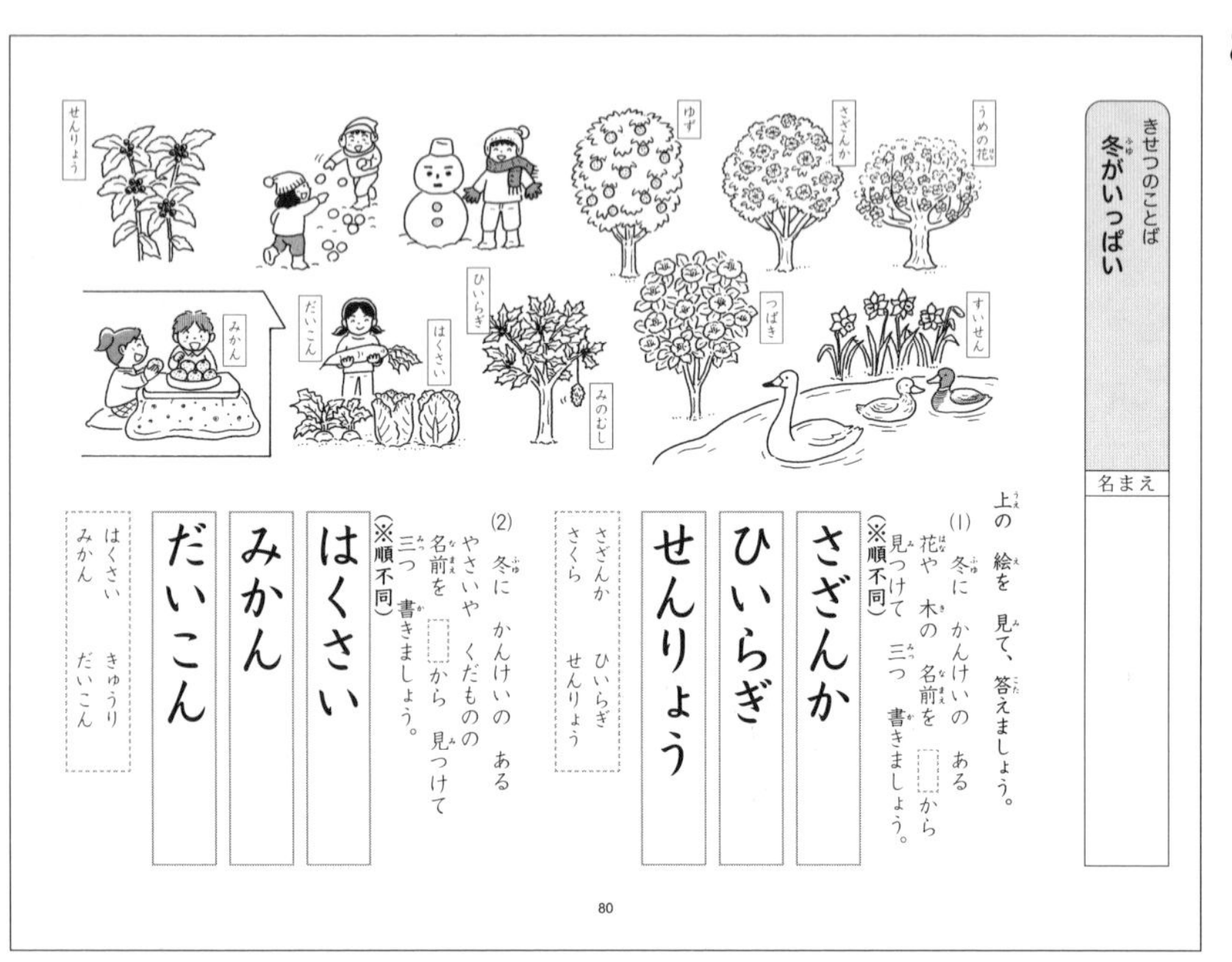

きせつのことば
冬がいっぱい
名まえ

上の　絵を　見て、答えましょう。

(1) 冬に　かんけいの　ある　花や　木の　名前を　□から　見つけて　三つ　書きましょう。（※順不同）
さざんか
ひいらぎ
せんりょう

さざんか　ひいらぎ　さくら　せんりょう

(2) 冬に　かんけいの　ある　やさいや　くだものの　名前を　□から　見つけて　三つ　書きましょう。（※順不同）
はくさい
みかん
だいこん

はくさい　きゅうり　みかん　だいこん

80

81頁

ことば
ことばあそびをしよう
数え歌・ことばあそび歌（ことこ）
名まえ

1
いちじく　にんじん
さんしょに　しいたけ
ごぼうに　むかごに
なくさ　はったけ
きゅうりに　とうがん

2
ことこ　たにかわ　しゅんたろう

このこのこのこ
どこのこのこのこ
このこのこのこ
たけのこきれぬ
そのこのそのこ
そこのけそのこ
そのこのそのおの
きのこもきれぬ

（令和六年度版　光村図書　こくご　二上　たんぽぽ「ことばあそびをしよう」による）

1 ● 上の　数え歌を　読んで、答えましょう。
数え歌で、つぎの　数は、どんな　やさいに　なっていますか。□に　ことばを　書きましょう。
① 二（に）…にんじん
② 五（ご）…ごぼう
③ 九（きゅう）…きゅうり

2 上の　詩を　読んで、答えましょう。
(1) □に　ことばを　書きましょう。
① このこ　のこのこ
② たけのこ　きれぬ
(2) □に　ことばを　書きましょう。
① そのこ　のそのそ
② きのこ　もきれぬ

81

※児童に取り組ませる前に、必ず先生が問題を解いてください。本書の解答や指導にあたっては、あくまで１つの例です。児童の多様な考えに寄り添って、○つけをお願いします。

解答例

※ワークシートと解答例は、学習する児童の実態にあわせて拡大してお使いください。

82頁

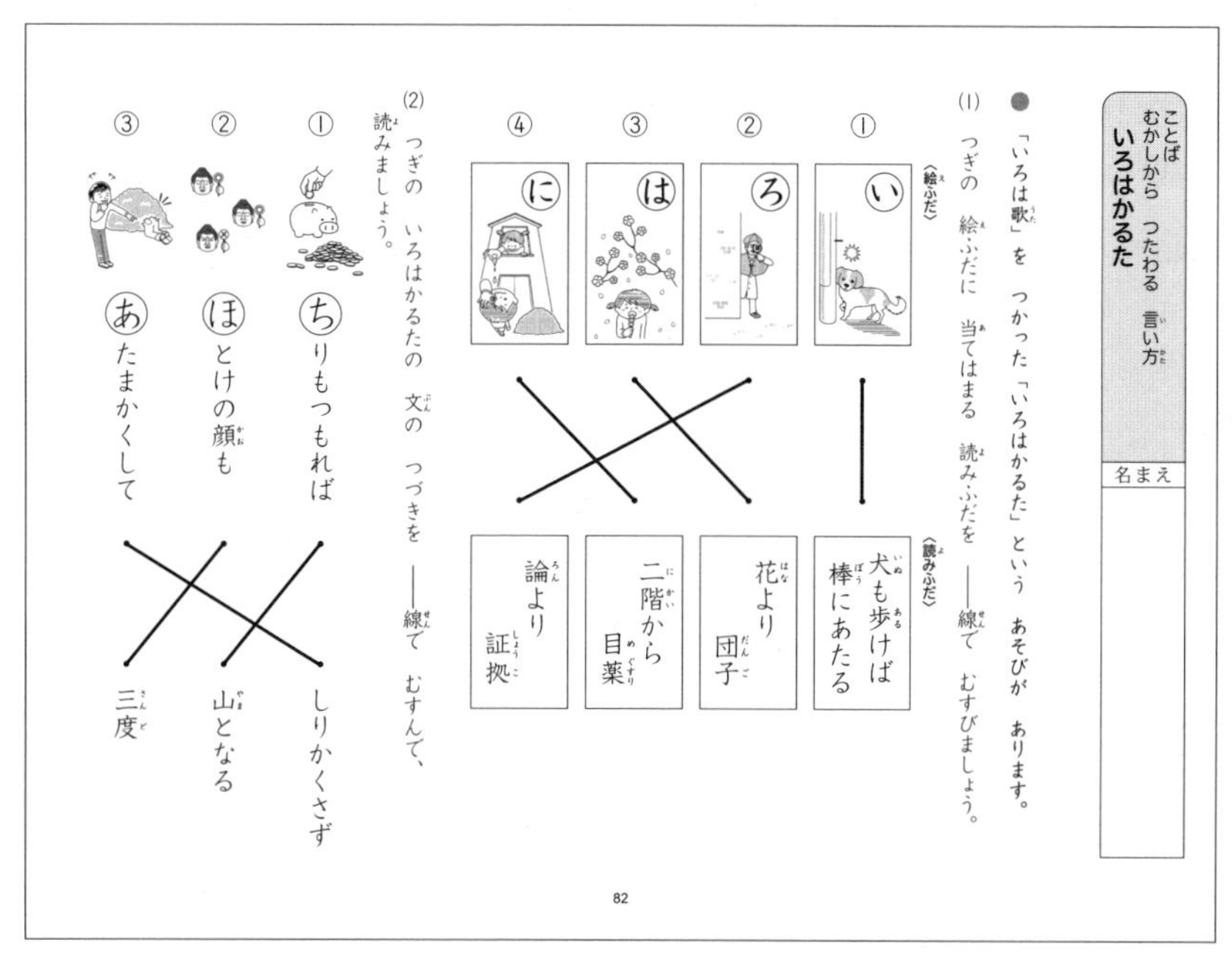

83頁

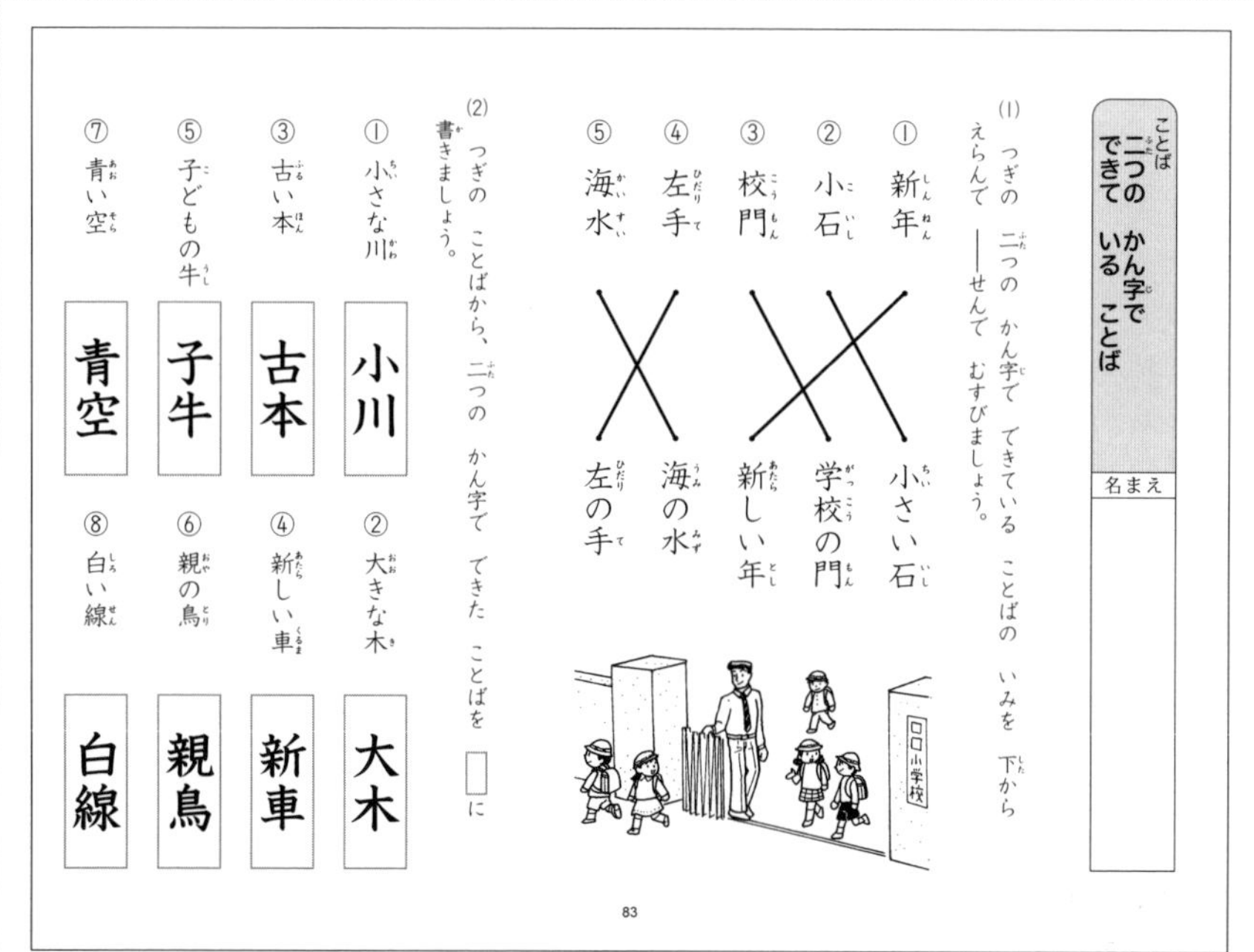

【本書の発行のためにご協力頂いた先生方】（敬称略）

羽田　純一（はだ　じゅんいち）　元京都府公立小学校教諭
中村　幸成（なかむら　ゆきなり）　元奈良教育大学附属小学校主幹教諭
新川　雄也（しんかわ　ゆうや）　元愛媛県小学校教諭

【企画・編集】

原田　善造（はらだ　ぜんぞう）　学校図書教科書編集協力者
わかる喜び学ぶ楽しさを創造する教育研究所・著作研究責任者
元大阪府公立小学校教諭
（高槻市立芥川小学校特別支援学級教諭）

授業目的公衆送信などについての最新情報はこちらをご覧ください。

喜楽研の支援教育シリーズ
ゆっくり ていねいに 学びたい子のための
読解ワーク　ぷらす　2年

2025 年 3 月 10 日　第 1 刷発行

原稿執筆者：中村 幸成・新川 雄也・羽田 純一　他
イラスト：山口 亜耶・浅野 順子・白川 えみ　他
企画・編著：原田 善造　（他 8 名）
編集担当：堀江 優子
発行者：岸本 なおこ
発行所：喜楽研（わかる喜び学ぶ楽しさを創造する教育研究所：略称）
〒604-0854　京都府京都市中京区仁王門町 26-1　5F
TEL　075-213-7701　FAX　075-213-7706
印刷：株式会社米谷

ISBN 978-4-86277-422-4　Printed in Japan